리질리언스:
도시의 새로운 패러다임

도시공동체 연구총서 4

리질리언스:
도시의 새로운 패러다임

조봉래·신진식·곽동화·백정미·원재연

보고사
BOGOSA

목차

1장

—

총론

조봉래

1. 지역학에서 리질리언스의 개념

1970년대 이후 시작된 세계적인 경제불황으로 인해 케인스 이론에 대한 반론이 터져 나왔고 이를 기점으로 신자유주의라는 거대한 기류가 생겨났다. 신자유주의는 동구권의 몰락 이후 30년 가까이 자유시장, 규제완화, 재산권 강화, 복지축소 등을 골자로 하면서 강력한 세계화 (Globalization) 전략을 펼쳐 왔다. 이러한 세계화 전략에 대항해서 동시에 지방화(Localization)가 강조되었다. 한국은 1990년대 초부터 실시된 지방자치로 인해 각 지방자치단체의 주도로 해당 지역의 정체성을 탐구하는 학문이 시작되는데 이즈음에 한국에서 지역학이라는 학문이 자리를 잡게 되었다. 지역학이라는 자체가 어느 지역에 대해 종합적으로 연구하는 학문이므로 인문학과 사회과학 도시과학 등의 학제 간 연구가 충분히 융합되어야 비로소 일정한 성과를 얻을 수 있다. 이러한 연구를 통해 지역의 정체성을 정립하는 것은 물론이고 더 나아가 그 지역에 필요한 정책까지 개발하여 제안하는 등 지역사회에 실질적인 도움을 줄수 있는 역할을 담당해야 할 것이다.

인천학연구원이 2019년 9월부터 '인천의 내발적 공동체 기반 도시회복력 연구'라는 주제로 연구 사업을 진행한 지 어느덧 3년이라는 시간이 흘렀다. 우리가 이 주제를 제출할 때를 돌이켜보면 '회복력'이라는 말을 다양한 학제 속에서 광범위하게 쓰이는 학술적 개념보다는 일상 용어에 가깝게 생각했고 주로 대규모 재난 이후에 도시의 기능을 다시 회복시키는 정도의 단견을 가지고 있었다. 다시 말해 재난이 발생한 이후 주로 공간적 피해복구와 더불어 피해 주민들에 대한 구호 활동 등이 사고의 중심이었다. 그러나 사업 선정 6개월 이후 발생한 covid-19 팬데믹 사태와 더불어 기후변화에 대한 위기의식의 심화는 '회복력'에 대한 시야를 넓혀주었다. 특히 각 영역에서 포스트 팬데믹 시대가 논의되기 시작하면서 종합적인 유기체로서의 도시가 회복력을 발휘하는 데 있어 그 적용대상이 생각보다 광범위하고 복잡하다는 것을 실감하게 되었다.

이에 우리는 우선 다양한 학제 속에서 정의되고 공유되던 모든 '리질리언스'의 개념을 총망라한 다음 그 가운데서 지역학에서 주로 다루어야 할 리질리언스의 개념을 추출하여 적용대상의 범주를 설정하고 이를 통해 지역학이라는 학문 속에서의 리질리언스에 대한 정의를 규정하는 것이 이 연구의 지향점을 보다 뚜렷이 설정하는데 있어서 필수적이라는 데 의견을 모았다.

이 책에서 지역학에서 다루어야 할 리질리언스의 모든 부분을 다 다룰 수는 없겠지만 기존의 연구성과를 점검하고 공유할 때가 되었다. 이책에서는 전체적으로 리질리언스의 일반적인 개념을 총망라한 다음 재구성해서 정리해 보고, 리질리언스의 실천적인 방법 중 하나로 지역 커뮤니티를 적극적으로 활용하여 리질리언스에 맞춰 디자인하는 문제를 논의해 보고자 한다.

그 다음으로 지역에서 재난이 발생했을 때의 리질리언스는 어디에 초점을 맞추어야 하는지 고찰해 본 다음, 대부분 재난의 근본적인 원인이기도 하거니와 기후 위기나 대규모 팬데믹처럼 우리의 삶에 구체적으로 다가오는 생태 환경과 관련된 리질리언스를 근본적인 원인부터 구체적인 대응방안과 관련된 논의들을 살펴보고 이러한 논의의 결과를 지역에 어떻게 적용시킬지를 고민해 보려고 한다,

먼저 지역학에서 리질리언스라는 개념을 어떻게 설정해야 할지에 대해 생각해보자. 물질이 가진 특성을 설명하기 위해 물리학자들이 사용하기 시작한 리질리언스라는 용어는 20세기 후반부터 생태학 분야로부터 그 개념이 확산하기 시작하였는데 의학, 환경공학 등 자연과학에서뿐만 아니라 경제학 정치학 인문지리 등의 학문에서도 널리 쓰이며 중요한 위치를 점하게 되었다. 그러나 각각의 분야가 가진 특성을 중심으로 정의되었기 때문에 모든 분야에서 공통으로 사용할 수 있는 보편적인 정의는 없는 것으로 보인다. 이러한 이유로 다른 분야에서 정의한 리질리언스의 개념을 지역학이라는 학문 안에 그대로 끌어다 쓰는 것은 오히려 불필요한 혼란과 오해를 발생시킬 우려가 있다.

현재 리질리언스라는 개념을 사용하는 여러 관점을 살펴보면 공학적, 생태학적, 사회적, 적응적, 사회-생태학적 관점으로 분류해 볼 수 있는데 우리가 인천이라는 도시를 두고 리질리언스를 말한다면 주로 사회-생태학적 리질리언스를 중심으로 해야 할 것이다. 리질리언스의 개념 정립을 다루는 장에서 좀 더 세밀하게 기술되겠지만 사회-생태학적 리

질리언스는 생태학적 리질리언스가 사회적 시스템의 유기체적인 성격과 결합하여 개념이 확장된 것이라 볼 수 있는데 이는 마치 19세기에 생물학적 진화론이 사회진화론으로 발전한 모습과 유사하다. 이러한 관점의 내놓은 대표적인 학자는 스톡홀름대학 리질리언스센터의 이사장으로 있는 폴케(Carl Folke)인데 그는 사회생태 시스템을 통해 인간과 자연, 경제 및 생태학의 역동적인 상호작용을 이해하는 데 새로운 근거를 마련했다. 생태 경제학, 지속 가능성 과학, 해양 생태계와 적응형 거버넌스 등에 대해 미래지향적이면서도 탁월한 관점을 보여주고 있다. 폴케는 리질리언스를 '혼란이나 교란을 흡수하고 기본적인 기능과 구조를 유지하는 시스템의 능력'이라고 정의한다. 그러나 폴케의 정의는 도시보다는 자연생태에 중점을 둔 것이기 때문에, 이것을 지역학에 그대로 끌어다 쓰는 것은 조심스럽다. 다만 자연생태계와는 달리 인공적이기는 하지만 도시 역시 하나의 복잡한 형태의 생태구조라고 볼 수 있고 이러한 도시 환경에서의 리질리언스의 기본적인 목표가 도시의 기능과 구조를 유지하는 것이라고 본다면 상당히 일치한다.

　이러한 리질리언스의 개념을 '지역'과 연결시킨 학자로는 포스터(Stephen Foster)가 있는데 그 역시 종합학문으로서의 지역학을 연구하는 학자는 아니고 주로 지하수의 지속 가능한 관리를 중점적으로 연구하는 지구과학자이다. 다만 지하수의 도시 공급에 대한 관리 및 정책, 빈곤 감소를 위한 지하수의 관리와 활용, 지하수 보전을 위한 농지토지 이용 통제에 관한 제도적 문제, 확산 오염으로부터 지하수를 보호하기 위한 정책 등 상당히 통섭적이고 융합적인 성격의 연구를 하고 있다. 포스트는 이러한 맥락에서 지역의 리질리언스를 '방해(disturbance)를 예상, 준비, 대응, 복구하는 지역의 능력'으로 정의한다.

한편 최근 국내 학자들의 리질리언스에 대한 정의를 보면 도시 재난 리질리언스는 도시의 물리적·사회적 요소가 재해에 신속하게 적응하는 것을 포함하는 것은 물론이고 더 나아가 이러한 '과정'을 통해 원래의 기능보다 더 나은 기능을 갖도록 진화하는 것까지 포함하여 제시하고 있다.

이상을 종합해보면 지역학에서의 리질리언스란 '어느 지역에서 발생하는 재해재난 등을 미리 예상하고 사전 준비를 통해 혼란을 흡수하고 그 지역의 기본적인 기능과 구조를 유지하면서 최대한 효율적이고 신속하게 대응 복구할 뿐만 아니라 원래의 기능보다 더 나은 기능을 갖도록 진화하는 능력' 정도로 정리될 수 있겠다.

2. 지역 커뮤니티의 공조(共助)를 통한 리질리언스

본 사업단의 아젠더가 '인천의 내발적 공동체 기반 도시회복력 연구'인 만큼 우리는 애초에 지역 커뮤니티를 어떻게 리질리언스의 주체로 위치시킬 것인가에 대한 고민을 계속해 왔다. 리질리언스는 전 지구적 재난에 대해 국제적인 공조를 통한 공동 대응도 중요하고 국가 차원에서 정책도 중요하겠지만 지역에서 개인이 직접 리질리언스에 관한 실천적 행위를 할 수 있는 공간이 바로 지역 커뮤니티라고 생각한다. 커뮤니티라는 개념에서 중요한 구성요소가 바로 지역(area, 공간과 장소), 공동의 유대(common tie), 사회적 상호작용(social interaction)이므로 굳이 '지역'이라는 말로 커뮤니티를 수식할 필요는 없어 보이지만 우리 연구가 지역을 중심으로 진행되고 있고, 한편으로 온라인 가상 공간을 통한 커뮤니티도 많이 존재하고 있으므로 지역 커뮤니티라는 표현을 쓰도록 하겠다. 지역 커뮤니티는 공간뿐만 아니라 접촉하는 인적 요소가 중요하므로 장소와 이웃으로 형성된 커뮤니티라고 정의해도 될 것 같다.

도시의 구성원이 속한 공간은 개인-가정-커뮤니티-도시로 확장된다. 여러 커뮤니티들이 모여서 어느 한 지역을 형성한다. 그리고 개인의 행복감이나 성취감 등 심리적 리질리언스는 커뮤니티 안에서의 역할 속에서 자연스럽게 형성된다. 그리고 이러한 개인의 행위와 역할들이 커뮤니티의 리질리언스를 강화시키는 상호 작용이 일어난다. 이러한 커뮤니티의 리질리언스는 자연스럽게 지역의 리질리언스로 연결된다. 그러므로 커뮤니티를 어떻게 디자인하는가에 따라 리질리언스의 결과가 매우 달라질 것이다. 커뮤니티의 비전과 목표로서 리질리언스(경제적, 환경적, 생태학적, 정신적)을 설정하고 커뮤니티 구성원의 적극적 참여를 유도하는 참여디자인의 방법을 통해 사회적 상호작용을 활성화한다.

참여디자인은 커뮤니티의 구성원의 참여 속에서 해당 커뮤니티의 비전과 목표를 설정하고 이 목표를 달성하기 위한 실행계획과 구성원 개인의 역할을 정한 다음 최종적으로 이 디자인에 대해 집중적으로 검토하고 각 분야의 전문가의 도움으로 문제를 풀어나가는 집단 토론을 하는 방법이다. 한국의 다른 대도시와 마찬가지로 인천도 신도시 개발로 인한 유출인구가 급증하고 원도심이 쇠퇴하고 슬럼화되는 현상을 보이고 있다. 이러한 원도심의 커뮤니티 구성원을 대상으로 도시재생이라는 목표를 가지고 참여디자인을 적용해 볼 수 있다.

지역 커뮤니티의 리질리언스에 있어서 그것이 속한 공간적 환경 역시 매우 중요한 문제이다. 도시자연을 조성하여 회색 중심의 도시기반시설에 녹색을 입히는 것은 리질리언스를 포함한 긍정적인 효과를 기대할 수 있는데 그것이 '그린인프라스트럭처'이다. 나무, 공원, 녹색지붕, 커뮤니티 가든 등의 도시자연이 커뮤니티 구성원의 스트레스를 감소시켜 심리적 리질리언스를 만든다. 공원 녹지를 조성하여 평상시에는 휴식과 레저를 위한 공간으로, 재해 시에는 긴급대피장소로 활용될 수 있다. 또한 현대 도시들이 대부분 불투수성 포장면으로 덮혀 있어 동식물 서식을 위한 비오톱이 사라지고 집중호우에 취약했는데 최근에는 보다 친환경적이면서도 건강한 수생태계를 유지하기 위한 방법으로 SUDS(Sustainable Urban Drainage Systems, 지속가능한 도시배수체계)가 주목받고 있다. 한편으로 커뮤니티 구성원들이 더 많이 접촉하며 사회적 활동을 활발하게 할 수 있는 공유공간을 충분히 조성해야 한다.

이상과 같은 커뮤니티 디자인도 중요하겠지만 이와 더불어 이렇게 디자인 된 커뮤니티를 어떻게 관리 운영하느냐하는 문제 즉, '커뮤니티 매니지먼트'도 주목해 보아야 한다. 커뮤니티의 질은 지속적인 유지 관리 속에 가능한데 행정이 주체가 된 유지 관리는 장기간 지속되기 어렵다. 따라서 커뮤니티 매니지먼트는 커뮤니티의 다양한 이해당사자가 주체가 되고 이들의 협의에 의해 진행하는 것을 특징으로 한다.

인천은 인구 300만의 메가시티로 전체로 보자면 리질리언스를 위한 충분한 사회적 자원과 인적 자원을 보유하고 있다. 리질리언스가 더 필요해 보이는 원도심에서는 이러한 지역 커뮤니티의 역할이 더욱 중요할 것이다. 지역 커뮤니티의 주체적 참여와 실천 속에서 리질리언스가 추진되고 이 과정에서 다시 지역 커뮤니티가 강화되는 상승효과를 상정해야 할 것이다. 이미 대규모로 디자인 된 신도시의 경우에도 온라인을 중심으로 한 지역 커뮤니티가 다수 존재한다. 부동산을 비롯한 자산 가치를 높이기 위해서이거나 생활 편의를 위해 정보를 공유하기 위하여 자생적으로 만들어진 커뮤니티가 대부분이지만 이러한 커뮤니티 역시 공조를 통한 리질리언스를 충분히 확보할 수 있다고 본다.

3. 지역의 재난 리질리언스

서두에서 지역학과 연결시킬 수 있는 리질리언스의 정의에 대해 살펴보았지만, 이 역시 한계를 가질 수밖에 없다. 왜냐하면 지역학에서 말하는 '지역'이라는 것은 각각의 규모가 다르고 지역마다 다양한 특징이 있기에 세부적이고 구체적인 분야까지 리질리언스를 통해 도달할 동일한 목표가 있을 수 없기 때문이다. 이는 도시와 농촌이 다를 것이고 대도시와 중소도시, 연해지역과 내륙지역, 산지와 평지 등 그 지역이 가지고 있는 사회적 환경과 자연적 환경의 차이가 천차만별일 수밖에 없고 예측되는 재난 역시 일률적이지 못할 것이다.

정치경제 환경의 급격한 변화와 과학기술의 발전을 통해 생겨난 문명의 새로운 이기 등으로 인류를 위협하는 재난의 규모와 성격이 바뀌게 되었고, 이에 대한 인식에 기초해 국제적으로 재해위험을 경감시키고자 하는 다각도의 노력이 있었다. 우선 1989년 UN 총회에서 '국제 자연재해 경감 10개년 계획(IDNDR, International Decade for Natural Disaster Reduction, 1990~1999)'이 발표되었고, 2000년에는 '재해경감을 위한 국제전략(UNDRR, UN Office for Disaster Risk Reduction)'이라는 UN기구를 창설하기도 했다. 이후 2004년 12월 남아시아에서 대규모 지진해일이 발생하여 재난 관리와 대응이 단일 국가 차원에서 감당하기 어려운 수준에 이르게 되었고 이로 인해 국제적 공조체계 구축이 필요하다는 인식하에 2005년 일본 고베에서 '효고행동강령(Hyogo Framework for Action, 2005~2015)'이 제출되었다. 이것이 재난과 관련하여 리질리언스가 정책적으로 본격적인 관심을 받게 된 계기이다.

그러나 서두에서 언급했던 covid-19 팬데믹 사태나 전지구적인 기후위기 등을 제외하면 대부분의 재해는 지방·지역수준에서 발생한다. 이번 동해안 지역의 대규모 산불처럼 특정한 지역에서 반복하여 발생할 것으로 예측되는 재난 역시 존재한다.

인천은 인구 300만의 메가시티로 자연적 재난보다는 사회적 재난의 발생 위험성이 더 높다. 특히 공항과 항만을 통한 관문 역할을 하는 도시이다 보니 예측불가능성과 불확실성이라는 재난의 특성이 다른 도시에 비해 강하게 드러난다. 이로 인해 선제적인 예방관리에는 한계가 있고 효율적인 대응과 신속한 회복을 중점에 두고 사고할 필요가 있다. 실제로도 재난 리질리언스에 대한 연구는 기존의 사전예측을 비롯한 예방과 대비 중심에서 발생한 재난에 대한 신속한 회복 중심으로 패러다임이 바뀌고 있다.

그렇다면 한 지역이 얼마나 신속하게 회복할 수 있는 역량을 가지고 있는지가 기본적으로 파악되어야 하는데 본 연구에서는 재난 리질리언스를 측정하는 방법에 대해 주로 그 비용을 정량적으로 도출하는 방법에 대해 알아보려고 한다. 리질리언스가 확보된 도시는 재난에 의한 피해발생 확률을 감소시킬 뿐만 피해 복구에 소요되는 시간을 감소시킨다. 따라서 재난 리질리언스 비용은 재난 발생 이후 기반시설 시스템의 기능과 재난 이전 수준의 성능으로 돌아가는데 걸리는 시간으로 측정할 수 있다. 재난 리질리언스 비용은 재난 발생 시 복구를 위해 투입되는 사회적 비용을 말하는데 사회기반시설의 리질리언스를 정량화하는데 유용한 바로미터이다. 우리나라 전체에서 재난 리질리언스 비용이 가장 높은 것은 호우이지만 인천의 경우 호우 피해가 잦은 지역이 아니라서 이와 관련된 리질리언스 비용은 상대적으로 낮다. 그러나 기후 위기로 인해 예상하지 못했던 집중호우로 큰 피해를 입는 도시들이 갈수록 늘어난다는 점도 충분히 고려해야 할 것이다.

재난 리질리언스 비용 측정에 있어 중요하게 고려되는 것이 노출인자이다. 노출인자란 사람을 포함하여 경제적, 사회적, 문화적 자산 등 피해를 입을 수 있는 목적물을 말하는데 노출인자가 재난에 의해 입은 피해 정도를 취약성이라고 정의할 수 있다. 노출인자 중 주가 되는 것이 인구수인데 인천과 같이 대규모 인구가 몰려 사는 지역은 당연히 노출인자가 클 수밖에 없고 따라서 취약성이 높다고 하겠다. 다만 인구가 많은 지역은 동원할 수 있는 복구자원이나 복구인력이 많은 것으로도 해석할 수 있다.

재난은 자연재난과 사회재난으로 구분할 수 있는데 바다를 끼고 있는 인천에서 예상되는 자연재난은 강풍, 풍랑, 해일, 조류대발생 정도가 있겠으나 대규모 산업도시인만큼 화재, 붕괴, 폭발, 교통사고, 화생방사고, 환경오염사고 등 사회재난은 거의 전부가 발생하기 쉬운 재난이다. 우리나라의 경우 자연재난은 재산피해의 규모는 사회재난에 비해 2.5배 큰데, 인명피해의 규모는 1/7수준이다. 따라서 인천의 경우 인명피해의 노출인자가 크다고 할 수 있겠다.

자연재해의 경우 우리나라 전체로 보면 가장 많은 비중을 차지하는 것이 태풍과 호우로 인한 강수피해로 지난 10년간 전체 자연재해의 피해규모의 93.2%를 차지한다. 한국에 내습하는 태풍은 대부분 제주도-대한해협-부울경-동해의 경로가 많은데 최근에는 서해상으로 북상하여 인천을 포함한 수도권에 큰 피해를 입히는 태풍의 출현 빈도가 잦아진 편이다. 특히 2010년의 곤파스는 수도권을 직접 타격하여 큰 피해를 입힌 기억이 있다. 사회재난의 경우 지난 10년간 가장 인명피해를 발생시킨 감염병(960명), 다중밀집시설 대형화재(832명)와 해양선박사고(693명) 지하철 대형사고(477명) 등 대부분의 경우 인천에서도 언제나 발생할 수 있다는 점에 주목해야 한다. 또한 미세먼지의 경우 피해를 통계적으로 측정하기 어렵지만 광범위하고 실질적인 피해가 발생한다.

최근 10년간의 광역자치단체의 재난 리질리언스 비용지수를 비교해 보면 인천광역시는 대구광역시, 세종특별자치시, 대전광역시 다음으로 낮은 규모이다. 그러나 노출인자를 이용하여 재난 리질리언스의 비용지수를 살펴보면 대구광역시와 서울특별시 다음으로 그 지수가 낮음을 알 수 있다. 인천은 인천 지역이 가진 사회적, 경제적, 환경적 특성을 고려하여 재난 리질리언스의 특징을 토대로 지역의 특성에 맞는 재난 대응 체계를 마련할 필요가 있다.

4. 지역의 생태 환경 리질리언스

리질리언스라는 용어가 확산된 계기가 생태학이라는 점을 감안하면 '생태 환경 리질리언스'야 말로 리질리언스의 본질과 직접적으로 맞닿아 있는 것이라 하겠다. 또한 최근 기후 환경의 급변으로 닥친 재난적 위기의식은 생태 환경 리질리언스의 중요성을 더욱 강조하게 된다.

따지고 보면 인간은 문명을 창조하는 과정에서 끊임없이 자연을 파괴하고 생태 환경에 대해 공격적으로 변화를 강요한 것이 사실이다. 따라서 생태 환경의 완전한 리질리언스라는 것은 애초에 불가능 한 일일지도 모른다. 그러나 인류가 산업사회에 진입하기 이전까지는 자연적 생태 환경이 스스로 리질리언스를 발휘하여 생태 균형을 조절했지만 이후 점점 균형을 잃어 가면서 최근의 생태 환경은 스스로의 복원능력을 기대하기 어렵다는 점이 우리가 직면한 심각한 위기 상황의 바탕이다. 인류 문명과 자연 생태 환경의 공존을 위한 균형점을 찾는 것 조차 난망한 일임에 틀림없다. 따라서 우리가 전 지구적인 생태 환경의 재난적 위기 상황을 극복할만한 리질리언스 방안을 제시하는 것은 불가능한 일이다. 그렇지만 국가 및 지역자치단체의 정책과 시민운동의 방향을 제시하는 데 유용한 개념으로 생태 환경 리질리언스를 연구할 필요는 분명히 있어 보인다.

한편으로는 폭염과 홍수 등의 기후 위기로 인하여 식량과 식수 등을 생산하는데 심각한 영향을 받고 있는데 이것이 기근으로 연결된다. 이로 인해 생겨난 기후난민이 2020년에는 3천만 명이나 되었고 2050년에는 2억 명이 넘을 것으로 예상된다. 기후난민의 대부분이 가난한 나라에서 발생하고 가난한 계층의 사람들에게 피해가 집중된다. covid-19 팬데믹 국면에서도 그대로 드러났지만 모든 재난으로 가장 먼저 그리고 가장 심각하게 피해를 입는 재난 취약자들은 대부분 가난한 사람들에게 집중된다. 우리가 리질리언스를 논할 때 지역에 존재하는 재난 취약계층을 중심에 두고 공정한 정책과 신속한 구호활동을 포함한 행정력 투입을 제안하는 이유도 바로 여기에 있다. 기후위기 극복을 비롯한 생태 환경 리질리언스에 있어서 공정하고 평등한 사회 시스템 문제는 반드시 포함되어야 한다.

신자유주의가 조장하는 무한 경쟁의 자본주의 사회에서 과잉 생산은 필연적인 결과이며 이것이 생태 환경의 파괴를 가속화시켰다는 데에는 대부분 동의할 것이다. 기후 위기를 비롯한 생태 환경의 파괴에 대한 자본주의 시스템의 책임에 대해서는 서로 다른 입장이 상존한다. 자본주의를 옹호하는 입장에서는 대체에너지 개발과 재생에너지 전환으로 파국을 막을 수 있다는 입장이고, 반대편에서는 자본주의 시스템이야말로 근본적으로 생태 환경의 파괴를 가속화 하는 주범이므로 해체되어야 한다는 입장이다. 영국의 경제학자 케이트 레이워스는 '도넛 경제 모델'을 제시하며 생태적으로 안전하면서도 사회적으로 정의로운 공간이 바로 인류가 지향해야 하는 균형을 의미한다고 밝히고 있다. 케이트 레이워스는 각국 정부가 '성장중독'에 빠져있는 현실을 꼬집으며 "성장에 대한 맹목을 넘어서는 것이야말로 21세기 최대과제"라고 역설했다(김유진, 2018.10.11.).

그러나 어느 쪽이든 기후위기 극복을 위해서 인류의 삶의 방식과 같은 사회적 가치의 변화는 반드시 이루어져야 하며 전반적인 인류 역사의 큰 전환을 이루어야 한다는 점에는 동의한다. 이러한 근본적인 전환을 연구자들은 '정의로운 전환'이라고 부른다. 노동운동 과정에서 생겨난 이 개념은 기후변화에 대한 노동자와 노동조합의 능동적 대안으로 바뀌었고 2009년 제15차 기후위기대응 당사국총회의 최종 합의문에 '정의로운 전환'이 포함되었다. 정의로운 전환은 고용불안, 비민주적 의사결정 과정의 위험성, 광역 경제와 지역 경제의 황폐화 위험 등을 알리고 이를 방지하자는 정책 제안이다. 또 환경 정의 및 기후 정의 운동에서 출발하여 지역, 계층, 인종, 성(젠더) 등에 따른 사회경제적 불평등을 해소하려는 사회적 전략으로 발전하고 있다. 그리하여 정의로운 전환의 개념은 유엔과 미국 민주당 정권의 정책 원칙으로 정착했다. 정의로운 전환은 새로운 전략이라기보다는 노동운동의 과정에서 사회적 노동조합주의가 생태위기와 접속하면서 형성된 리질리언스의 이념과 프로그램으로 이해할 수 있다. 그러나 기후위기에 대응하여 탈성장으로 전환하게 되면 그 과정에서 개인의 일자리와 소득이 줄어들고 지역 경제가 붕괴되는 등의 문제가 심각하게 대두될 수도 있다. 이러한 배경에서 '그린 뉴딜'이 제시되었고 그 타당성과 실효성을 놓고 여러 담론이 오가고 있다.

그렇다면 이러한 정의로운 전환이라는 전 지구적인 거대한 담론을 지역과 어떻게 연결지어 배치할 수 있을까? 최근 인천은 '환경수도'를 목표로 하면서 '녹색성장'을 표방하고 있다. 역내 6개의 공단을 가지고 있고 최근 대폭 하락하긴 했지만, 여전히 제조업의 비중이 높다는 점을 감안하면 목표를 달성하기 쉽지 않은 조건이다. 전환의 규모를 생각하면 중앙 정부의 협조와 지원 없이 지방 정부의 역량만을 가지고 실현하기도 어려워 보인다. 최근 인천 서구 경서동의 수도권 쓰레기 매립지를 2025년에 종료하겠다는 인천시의 발표를 둘러싼 갈등은 생태 환경의 리질리언스가 오롯이 한 지역이 독자적으로 추진할 수 없음을 잘 보여주고 있다. 쓰레기 매립장과 소각장 지정과 관련해서는 지역 안에서도 해당 주민들의 반발로 어려움에 직면해 있다. 앞서 말한 지역 커뮤니티를 중심으로 인식의 전환을 도모해 볼 수 있겠지만 지역 내의 커뮤니티 사이에 심각한 갈등이 유발될 수 있는 민감한 문제이다.

5. 소결

이상에서 살펴본 바와 같이 리질리언스는 그 적용 범위가 매우 넓고 복잡하다. 공간적 범위를 지역으로 좁힌다고 하더라도 재난 리질리언스나 생태 환경 리질리언스의 경우 전 지구적인 리질리언스의 흐름을 벗어나 독자적일 수도 자립적일 수도 없다. 그렇지만 한편으로 대규모 재난의 예측불가능성이나 심각해지는 기후 위기를 생각하면 리질리언스는 일부 활동가들의 주장이나 선택적 기호에 머무르는 것이 아니라 인류의 존망을 좌우하는 필수적인 과제라고 할 수 있다. 우리는 지역이 가지고 있는 특징을 잘 분석하여 재난을 대비하고 발생한 재난의 피해를 신속하고 효율적으로 회복할 수 있는 역량을 비축해야 한다. 지역 커뮤니티를 적극적으로 활용하여 지역 구성원들이 안전한 환경에서 질 높은 삶과 행복을 추구할 수 있도록 하여야 한다. 이를 위해 개인의 심리적 리질리언스부터 지역의 경제적, 생태 환경적 리질리언스가 모두 고려되어야 한다. 이러한 절박함 속에서 실효성 없는 선언적이거나 급진적인 주장에 대해서는 진지하게 따져보아야 하고 반대로 개인의 욕망만이 투사된 근시안적인 주장에 대해서도 비판과 교정을 가해야 한다. 지역의 리질리언스는 지방 정부의 정책만으로는 한계가 있고 반드시 지역 커뮤니티의 구성원들의 실천적인 참여를 거쳐야 한다. 공정하고 정의로운 전환을 추구하여 각종 재난과 기후변화의 피해가 사회적 약자에게만 돌아가지 않도록 공동체의 유대감을 형성해야 할 것이다.

이 책은 지역 공동체의 리질리언스에 관한 일종의 시론으로 생각하면 될 것 같다. 서로 다른 전공의 연구자들의 리질리언스에 대한 토대 연구를 모아 놓았기 때문에 아직 충분한 숙의와 집중적인 토론 과정을 거치지는 못했다. 그렇지만 이를 토대로 이후 학제 간 융합을 거쳐 충분히 실효성 있는 리질리언스 방안을 지역 사회에 제시하는 것을 목표로 하고 있다.

2장

—

리질리언스 개념의 정립

신진식

> 새로운 문제에 봉착했을 때, 기존과 같은 사고방식으로는 문제를 풀
> 수 없다.
>   −알버트 아인슈타인(Albert Einstein)

1. 리질리언스 개념의 등장

세계 도시의 인구는 1950년만 해도 30% 수준에 불과했지만, 이후에도 매년 늘어나 2020년 기준, 전세계 인구 중 56.2%인 약 4억 3000만명이 이미 도시에 살고 있다. 급기야 2014년 UN 경제사회국(DESA)의 '세계 도시화 전망' 보고서에 따르면 2050년에 이르러 세계인구의 75%가 도시에 거주할 것으로 예측하였다. 그 가운데에서도 도시인구 비율이 높은 한국은 현재 81.5% 수준에서 2050년이면 86.2%로 늘 것으로 추산됐다. 전체 인류의 4분의 3이 도시에 거주한다면, 한정된 공간에 과도한 인구 집중 현상은 물론이고, 세계인 다수가 도시형 인간으로 살아간다

는 것을 의미한다. 이러한 시대적 조류를 반영하듯 현대 인류를 호모 어반어스(Homo Urbanus)라고 할 정도로 세계는 도시의 시대로 전환하고 있다.

환경오염과 자연재해, 사회적 배제 등의 도시문제는 세계화, 정보화라는 시대적 조류로 인해 많은 도시들이 공동으로 겪는 문제가 되었고, 기후변화와 세계경제 침체 등은 또 다른 도시의 위험요인으로 부상하고 있다. 한 국가의 문제가 해당 국가의 문제로만 한정되는 것이 아니라 주변 국가는 물론 세계문제로 파급되는 상황에 이르게 된다. 특히 도시는 공간적 한계성을 특징으로 하고 있다는 점에서 많은 사람들이 동시 다발적으로 위험에 노출되어 피해 규모가 크고, 정보기술혁명으로 그 파급력 또한 광범위하고 치명적이다. 2005년 미국 카트리나, 2008년 세계 금융위기, 2011년 동일본 지진, 2011년 태국의 대홍수, 그리고 현재의 Covid-19 팬데믹 등과 같은 복합적인 재난 상황과 이후 극복과정 등을 통해 세계 여러나라들에서 기존 지속가능성에 대한 의문이 제기되기 시작하였다.

이러한 추세에 제동을 걸고 인류 미래를 걱정하며 등장한 것이 지속가능한 발전이라는 개념이다. 1972년 스톡홀름 유엔인간환경회의(UNCHE)에서 최초로 이 개념이 등장한 이후 세계적인 도시화 현상과 산업구조 재편에 따른 자원고갈과 환경오염 등이 세계적인 관심사로 대두하게 되었고, 1987년 환경과 개발에 관한 세계위원회(WCED)에서 제출한 「우리 공동의 미래(Our Common Future)」라는 보고서에서 최초로 지속가능 발전이라는 용어가 공식적으로 사용되었다. 지속가능한 발전이란 '미래세대가 그들의 필요를 충족시키는 능력을 저해하지 않으면서 현세대의 필요를 충족시키는 것'이라고 정의할 수 있다(WCED, 1987).

하지만 지속가능성은 지나치게 추상적이고(Manzini, 2009), 지속가능성 지표들을 통한 실태와 현황 파악과 지속가능성의 방향과 지표설정 등을 통해 지속가능성을 진단하는 수준으로 한정되어 있다. 최근 기후·사회변화 등에 의한 불확실성 속에서 재난과 충격의 유형은 다양해지고 영향의 크기는 증대되면서 도시 및 지역사회의 역량 강화를 위한 구체적 전략으로 리질리언스(Resilience) 개념이 부각 되고 있다.

리질리언스라는 용어는 라틴어 'resilio'를 기원으로 하며 되돌아가려는 것(spring back)에 대한 의미를 가지고 있다(Davoudi, 2012; Klein, Nicholls & Tomalla, 2003; Manyena, 2006). 리질리언스는 물리학자들에 의해 처음 사용된 개념으로, 물질이 가지고 있는 탄성의 특성을 설명하고 외생적 충격으로부터 저항(resistance)과 물질의 안정성(stability)을 기술하는데 이용되었다(Davoudi, 2012). 리질리언스의 개념은 심리학과 생태학을 중심으로 발전되어 왔으며, 20세기 후반부터 학술적으로 복잡계 이론이 대두되면서 시스템 이론의 학제 간 적용과 더불어 다양한 분야로 그 개념이 확산되기 시작하였다(서지영, 2014; Folke et al., 2010, 2002; Gunderson, 2000). 이후 환경공학, 에너지, 농업 및 약학, 의학, 생명공학뿐만 아니라 사업관리 및 회계, 경영학, 경제학, 사회학, 정치학, 교육학, 인문지리학 등 더욱 폭넓은 학문에서 채택되어 다양하게 발전되고 있으며 다학제적인 논의가 이루어지고 있다(Chelleri, 2012; Christmann et al. 2011; Karrholm, Nylund & de la Fuente 2012; Kegler 2014).

오늘날 대두되고 있는 이 개념의 학술적인 배경은 1973년 생태학자 홀링(C.S.Holling)이 발표한 '생태계의 리질리언스와 평형'이라는 논문으로 보고 있다. 홀링은 주로 예기치 못한 외부의 변화와 방해에 노출된 시스템의 동작을 정량적 관점에서 검토하기 위해 리질리언스 개념을 사용하였으며, 리질리언스를 "시스템 내 관계의 지속성", "변화와 방해 (disturbance)를 흡수하고, 인구나 상태변수 간의 동일한 관계를 유지하는 시스템 능력"이라고 정의하였다. 이에 따라 리질리언스는 외부의 위협과 관련된 생태계(ecosystems)의 능력에 관한 개념으로 이해되기 시작했다(Wikström, 2013:11). Holling은 이후 1995년에 리질리언스에 대해 "혼란을 흡수하는 체제의 완충장치나 능력 또는 변수를 변화시킴으로써 체제가 구조를 변화하기 전에 흡수할 수 있는 혼란의 크기"라고 재정의하기도 하였다(서지영, 2014; Holling, 1995).

도시계획분야에서는 2001년 뉴욕의 9·11테러 사건을 계기로 2002년 MIT-Conference에서 'The Resilient City: Trauma, Recovery, and Remembrance'를 주제로 하여 'Resilient City'라는 용어가 처음 언급되었으며, 그 이후 도시를 주제로 Vale and Campanella에 의해 *The Resilient City: How Modern Cities Recover from Disaster*라는 책자가 발간되었다(Kegler, 2014). 그 이후로 미국의 건조환경(Built environment) 관련 학계를 중심으로 본격적으로 등장하기 시작하였고, 최근에는 이 개념에 대한 관심이 급증하고 있다. 도시계획분야에서 리질리언스 개념이 주목받는 이유는 현대사회의 도시는 자연과 인간이 만든 극단적인 현상들로 인한 높은 노출(exposure)로 더욱 큰 위협을 받고 있고, 미래에 대한 불확실성과 불안정성이 존재하며 그 변화가 빠르고 예측할 수 없는 상태에 놓여 있기 때문이다. 따라서 이러한 위기에 대처하기 위해서 새로운 시각과 방법으로 접근해 보고자 하는 것이다.

도시계획분야에서 다뤄지는 리질리언스는 외부요인에 의해 야기된 스트레스와 방해에 대처하기 위한 생태학적 시스템(ecological systems)의 연구 방식에서 차용된 것으로 보고 있으며(Davic & Holling, 2001), 이처럼 도시 맥락에서 다뤄지는 리질리언스에 대해 'Urban resilience'라는 용어가 사용되고 있다.

리질리언스 개념에 대한 관심은 학계뿐만 아니라 OECD, UN, UN ISDR, UN-HABITAT, IPCC, ICLEI와 같은 국제적 기구나 단체에서도 다양한 목적으로 주목하고 있으며, 정책입안자나 워킹그룹을 위한 정책적 프레임워크와 전략 도출, 평가지표 개발 및 도시 리질리언스(urban resilience)를 위한 가이드 등을 제시하고 있다.

그러나 리질리언스에 대한 급증하는 관심과 활발한 연구에 비해, 아직까지 연구자들 사이에서 통일된 개념 정의가 이루어지지 않고 있다. 심지어 국내의 경우에는 'Resilience'를 회복력(回復力), 회복탄력성(回復彈力性), 복원력(復元力), 복원성(復原性), 회복탄성력(回復彈性力), 방재력 등으로 번역하여 혼용되고 있다. 현재 국문 용어는 본래 함축된 의미를 표현하는데 한계성이 있으며, 아직까지도 합의된 용어가 없는 실정이다. 이렇듯 각 분야에서 적합한 용어를 찾기 어려운 상황에서 최근 들어 번역 없이 리질리언스로 부르는 경향이 강해지고 있다.[1] 이는 충격이나 교란의 종류 또는 시스템 및 개체의 종류에 따라 다르게 정의되고 용어 역시 달라지기 때문인 것으로 해석된다.

가장 기본적인 용어로 포함되는 회복은 다시 원래의 상태로 되돌아가는 것을 뜻하며, 탄력, 탄성 등의 의미에도 다시 튀어 오르는 형태로서 원래 상태의 의미가 포함된다. 리질리언스는 라틴어인 'resi-lire'로서

---

1   이는 마치 1990년대 후반의 거버넌스(governance)라는 개념을 국정관리, 협치체제, 동반자적 통치, 공동 경영 등 다양하게 불러 거버넌스를 해석하기보다는 용어 자체를 불러 해석을 유보하고 원어 그대로 사용하는 경우와 흡사하다고 할 수 있다. 이 글에서는 원 용어의 의미를 살리고자 '리질리언스'라는 용어로 통일해서 사용하였다.

원 용어의 의미인 되 튀어 오르는 특성을 반영하는 탄력성(彈力性) 혹은 탄성력(彈性力) 그 자체로의 의미가 가장 적합하다. 하지만 리질리언스의 논의에는 생태학적인 측면에서 교란(disturbance)과 기후변화와 같은 중장기적 변화가 포함되고 있으며, 이와 관련한 시스템의 변화와 수용력, 사회생태적인 관점으로의 개념적 확장 등을 고려하였을 때, 사회적 의미를 고려할 수 있는 "회복력(回復力)"이 적합하다. 다만, 공학기술적인 측면에서는 재해와 같은 외생적 충격(shock)과 시간과 물리적 개념이 포함된 특성을 고려할 필요가 있어 "회복탄성력(回復彈性力)"이 적합하다. 현대사회에서 관찰되는 변화의 폭과 속도의 증가, 미래에 대한 불확실성과 불안정성, 위기의 증가를 반영하여 사회시스템(social system)을 새로운 시각으로 이해하고자 여러 가지의 개념이 등장하고 있으며, 그 중에서도 최근 학계와 정책 현장으로부터 가장 큰 주목을 받고있는 개념은 리질리언스이다.

이처럼 리질리언스가 여러 학문에서 다양한 의미로 사용되고 서로 다른 방식으로 측정되면서 리질리언스의 개념 자체도 아직까지 모호한 상황이라고 할 수 있다. 일부 학자들은 리질리언스가 명확한 의미나 정의를 가지고 있지 못한 퍼지 개념(fuzzy concept)[2]이라고 주장하였다(Martin, 2012). 이뿐만 아니라 리질리언스의 개념이 왜 사용되어야 하며, 어떻게 측정될 수 있을지, 그리고 리질리언스에 영향을 미치는 요소나 정책은 무엇인지 등에 대한 구체적인 논의가 이루어지지 않고 있다는 점에서

---

2 Markusen(2003: 702)에 따르면 원문에서의 'fuzzy concept'이란 하나의 개체, 현상, 과정이 두 개 혹은 그 이상의 의미로 사용되어 서로 다른 독자나 학자들 사이에서 동일한 개념으로 인식되지 못한 개념을 의미한다. 때문에 fuzzy concept은 개념의 명확성이 떨어지고 조작화하기 어렵다는 특성을 지닌다.

리질리언스의 개념을 분명히 구분하여 정의하는 것은 어렵다.

이 글에서는 특히 각 학문 분야에서의 리질리언스의 개념이 어떻게 정의되고 활용되고 있는지를 분석하고자 한다. 키워드 네트워크 분석 등을 활용하여 리질리언스와 관련한 개념들이 어떻게 연결되어 있는지 분석한 연구는 존재하나(권예진·차명호, 2016), 분석 범위가 제한적이기 때문에 사회 및 환경의 불확실성에 대한 시사점을 도출하기는 매우 어렵다는 한계가 존재한다. 이를 위하여 이 글에서는 2004년부터 2022년 3월까지 리질리언스 또는 이와 관련된 핵심 주제어로 검색된 국내 등재지 및 등재학술지에 나타난 동시 출현 단어에 대한 종합적인 분석을 수행하였다. 분석 결과 리질리언스 또는 유사어를 제외하고 중심성이 높은 단어는 고용 없는 성장, 금융위기, 기후변화, 재난회복탄력성, 거버넌스 등으로 나타났다. 이러한 주제어는 리질리언스의 개념이 급작스러운 경제적 위기 또는 자연재난뿐만 아니라 만성적으로 지속되는 저성장 및 기후 변화 등 다양한 외부적 환경 변화 및 대응 양상을 분석하는 개념으로 활용되고 있음을 제시하고 있다.

이 글에서는 문헌과 자료를 토대로 이론적 틀을 구성하고 국내외 리질리언스에 관한 개념 정의를 고찰하고 비교 분석한 후, 이를 토대로 정립된 종합적 차원의 리질리언스 개념을 제안하고자 한다. 이 글의 구체적인 목적은 리질리언스를 공동 목표로 추구하는 지속가능한 도시 실현을 위한 개념적인 이해와 정책적 병존을 위한 시사점을 제공하는 데 있다. 이를 위해 리질리언스 개념에 대한 이해와 지속가능한 도시 구축의 당위성을 설명하고, 리질리언스에 대해 살펴보며 적용방안을 제시하고자 한다.

2. 리질리언스 유사 개념과 분야

1) 유사 개념

리질리언스를 이해하기 위해 관련된 유사 개념들을 살펴보면, 크게 (1) 지속가능성, (2) 경쟁력/잠재력 및 발전, (3) 쇠퇴 및 낙후 전환 등으로 나누어 볼 수 있다. 리질리언스와 유사한 개념과 관련된 연구들로는 지역의 역량을 파악하기 위한 다양한 개념과 지표들로 볼 수 있다. 여기서는 지역의 발전 잠재력이나 발전정도, 지역경쟁력 지속가능성, 지역 쇠퇴 등 관련 유사개념을 먼저 파악하기로 한다.

(1) 지속가능성

산업혁명 이후 양적 개발 위주의 성장 패러다임이 지속가능한 발전이라는 패러다임으로 전환되었다. 지속가능성 개념을 최초로 도시에 접목시킨 계기는 1987년 환경과 개발에 관한 세계위원회(WCED)의 브룬트란트 보고서 「우리 공동의 미래(Our Common Future)」에서 언급된 것이다. 이 보고서에서는 개발과 환경, 복지의 공평 분배, 자원의 세대 간 공유 등의 개념을 '지속가능발전'이라는 용어로 제시하였다. 이후 지속가능한 발전과 개발의 개념은 성장과 발전을 위한 사고를 기반으로 하는 지속가능성에 비중을 두었다가, 2000년대 이후 사회적 변화와 적응, 취약성이 대두되면서 지속가능성에 대한 비판이 제기되기 시작하면서 리질리언스가 지속가능성을 대체하는 개념이라고 하거나 동일한 개념이라고 주장하기도 했다.

지속가능성은 인간과 환경, 경제와 사회 활동이 연속적 시스템을 이루고 있다는 점을 부각시킨 개념으로 경제, 사회, 도시, 국가 등이 현재

한도에서 최대한의 가능성을 이끌어내며 미래세대와의 필요를 절충하고, 생물다양성과 생태계 보존을 추구하며 현재 가용량을 유지할 수 있는 지속가능한 계획과 활동을 수행하는 것이다. 지속가능성은 1970년대 환경문제에 대한 인식에서 출발하여 90년대에 이르러 경제적, 사회적 측면에까지 확대되어 적용되었고, 2000년대 도시의 새로운 패러다임으로 부상하게 되었다. 21세기에 이르러 지속가능성은 보편적인 발전전략으로 자리하게 되어 정치, 정책, 인권, 고용, 기술개발, 건강, 인구, 문화 등 다양한 영역에서 시도되고 있지만, 명확하게 지속가능성이 무엇인지 모호한 측면이 있다. 또한 지속가능성을 도시에 적용하여 지속가능성 지수나 지표를 개발하여 평가하고 있지만, 사실 그 내용은 탈산업화 이후 이미 조명된 도시문제 해결 방안과 크게 차이나는 바가 없다 (이자원, 2015)

지속가능성은 도시의 이상적이고 지속가능한 형태 기반(form-based)의 관점에서 기존 생태학에서 주장하는 평형성(Equilibrium)을 기반으로 하고 있어 복잡다양하고 역동적이며 변화예측이 어려운 도시에 적용하기 어렵다(Ahern, 2013). 따라서 생태학, 도시계획, 조경 등의 분야에서 물리적, 사회적 충격에도 탄력적으로 대응할 수 있는 비평형성(Non-Equilibrium)으로의 전환이 시도되고 그 일환으로 리질리언스(resilience)와 지속가능성(sustainability)을 논의하고 있다.

〈표 2-1〉 지속가능성과 리질리언스 비교

구분	지속가능성	리질리언스
등장시기	1980년대 후반 이후 현재까지	2000년대 이후
근거	성장의 한계와 환경의 중요성	취약성과 변화에 대한 적응
목적	성장과 발전	지속가능성
자원여부	현재의 가용량 유지와	개발 시스템 유지와 변화 대응
기반	평형(equilibrium)	비평형(non-equilibrium)
관계	지속가능성은 리질리언스의 필요조건	리질리언스는 지속가능성의 충분조건

　지속가능한 발전이란 친환경성, 사회적 형평성, 경계적 효율성의 조화를 통해 현재의 문제를 해결하기 위해 국가가 지향하여야 할 정책의 방향을 표현한 개념이다(이용우 외, 2003). 친환경성은 자연을 이용하면서 생태적 건강성을 유지하도록 하기 위해 생물다양성 유지, 환경용량 확대, 자연자원 보전 등이 강조되는 것을 의미한다. 사회적 형평성은 재화와 서비스의 공급에 있어서 사회적 정의. 기회균등 및 사회적 불이익으로부터 보호를 의미하며, 미래세대의 발전가능성과 계층간 공평성을 강조한다. 경제적 효율성은 충분하고 다양한 고용기회를 제공하고 장기적으로는 경쟁력 있는 경제구조를 이루어 생활의 질적 향상을 추구하는 것이다.

　지속가능발전 관련 주요연구의 목적은 지속가능한 국토관리를 위한 현황 파악 및 평가를 위한 틀로서 지속가능성 지표를 도출하였고 도출된 지표는 지속가능한 국토관리를 위한 정책방안 수립 등에 활용하는 것으로 볼 수 있다. 예를 들면 건설교통부(2007), 이순자 외(2008), 김명수 외(2009) 등이 있다. 지속가능성과 관련된 선행연구에서 제시한 지표범주는 크게 자연환경과 관련된 범주와 인문사회경계와 관련된 범주로 구분할 수 있다. 구체적으로는 인구, 토지이용 및 산림녹지수준 산업경제 등으로 구분하거나, 친환경성, 효율성, 형평성의 범주로 구분한다. 기후변화 등에 대응하는 환경측면의 지속가능성과 갈등관리 등을 중심으로 하는 사회경제측면의 지속가능성에 대응하여 구성하고 있다.

(2) 경쟁력 및 잠재력

경쟁력이란 용어는 매우 일반적인 개념으로 사용되고 있지만 학자에 따라 다양하게 정의되고 있어 다소 모호한 개념으로 간주되고 있다 (Kitson et al., 2004). 지역경제학적 관점에서는 지역경쟁력을 지역 외부성의 관점에서 정의하고, 개별기업에 환원되지 않으면서 총체적인 경쟁력(생산성)에 영향을 주는 지역적 특성으로 파악한다(나주몽, 2012).

김정홍 외(2010)는 경쟁력을 광의의 개념과 협의의 개념으로 분류하여 제시하였다. 광의의 개념으로써 경쟁력을 지역주민의 생활수준을 유지하고 향상시키는 동시에 안정적인 혹은 떠오르는 시장의 공유를 가지는 기업을 유치하거나 유지할 수 있는 능력 또는 국제경쟁에 직면한 기업, 산업, 지역, 국가. 초국가적 지역(예를 들어 EU)이 상대적으로 높은 요소소득과 고용수준을 지속적으로 창출시키는 능력으로 정의하고 있다. 반면 협의의 개념으로는 지역경쟁력을 지역생산성으로 간주하고 지역의 높은 생활수준은 그 지역의 생산성에 의해 결정되고, 이는 다시 혁신역량에 의해 창출된다고 주장하였다(김정홍 외, 2010 재인용).

잠재력이라는 용어는 학문적 논의의 결과가 아니라 개개의 학자 및 연구자들이 임의적으로 사용하는 개념으로 명확하게 구별되지는 않는다(김태환 외, 2004). 즉, 잠재력은 겉으로 드러나지 않고 속에 숨어있는 힘, 즉 역량은 어떤 일을 해낸 수 있는 힘으로 정의된다. 김태환 외(2004)

에서는 지역잠재력이란 지역경쟁력 제고를 위하여 사용되거나 사용될 수 있는 유무형 요소의 총체로 정의하였다. 또한 자립적 지역발전을 위한 잠재력이란 경제적, 사회문화적, 환경적으로 지속가능한 지역발전을 위해 필요한 잠재력으로 정의하고 있다. 또한 김주원(2010)은 지역역량은 개별지역이 지역의 경제 여건을 개선하고 주민의 삶의 질을 지속적으로 향상시킬 수 있는 원동력, 즉 지역이 발전할 수 있는 종합적 능력의 수준으로 현재의 능력과 잠재적 능력을 포괄하는 개념으로 정의하였다.

경쟁력이나 잠재력 관련 선행연구들은 지역의 발전 잠재력이나 발전 정도 경쟁력을 파악하고 평가할 수 있는 틀로서 관련 지표를 개발하는 데 있으며, 이를 통해 궁극적으로는 지역발전에 주요한 영향요인을 파악하여 시사점과 정책방안 등을 도출하는 것이다. 이와 관련된 연구로는 김태환 외(2004), 김영수 외(2006), 김홍배 외(2008), 김정홍 외(2010), 김동수 외(2011), 송미령 외(2011), 나주몽(2012) 등이 있다.

지역경쟁력 및 지역잠재력과 관련된 연구에서 제시한 지표범주는 대체적으로 경제, 기반시설, 사회문화, 생활환경의 범주를 포함하고 있으며, 일부 연구에서는 기업, 산업, 혁신역량 등 경제석 측면에 집중하여 지표범주를 계시하고 있다. 지역생성력과 발전 잠재력이라는 경제적 측면이 중시되는 지표연구에서도 사회, 문화 등 경계 외적인 부분의 중요성이 높게 평가되고 있음을 알 수 있다.

(3) 쇠퇴 및 낙후 전환

지역 및 도시쇠퇴란 대내외적인 변화에 적절히 대응하지 못하여 지역의 독점적 경제구조에 매몰되고, 변화와 혁신이 이루어지지 못한 도시들이 고용감소, 실업률 상승, 인구 감소 등으로 이어지는 현상을 의미한다(서준교, 2014). 또한 낙후지역이란 경제 사회 문화 등의 조건이 뒤떨어져있고 갖추어지지 못한 곳을 의미하며, 정부의 정책적 지원 없이 자족적으로 지역주민의 복지증진 및 지역발전이 곤란한 지역으로 정의하고 있다(서태성 외, 1996). 김광중(2010), 이인회(2008), 정연우 외(2010), 박병호 외(2010) 등 쇠퇴 및 낙후지역과 관련된 연구는 지역특성에 맞는 낙후지역 또는 쇠퇴지역을 진단하고 발전으로 전환할 수 있는 방향을 설정하였다.

2) 다양한 분야의 리질리언스

최초 리질리언스라는 개념은 물리학 분야에서 외부충격에 대한 탄성과 재료의 개념에서 시작되었지만(Davoudi, 2012), 학문적으로 체계적인 리질리언스 개념이 등장한 것은 생태학분야이다. 생태학자인 홀링은 1973년에 발표한 '생태계의 리질리언스와 평형'에서 사회생태계는 빠른 성장기(R-Phase), 보존기(K-Phase), 해체기(Ω-Phase), 재조직기(A-Phase) 등의 4가지 시스템의 단계로 이루어진 '적응적 재생주기(Adaptive Renewal Cycle)'를 갖는다고 하면서 리질리언스를 주장하였다. 홀링은 리질리언스를 '변화나 교란을 흡수하는 생태계의 수용력'으로 정의하였으며 이는 생태학 외에 다양한 분야로 뻗어나가기 시작하였으며 크게 두 가지 관점으로 해석되어 발전해오고 있다.

첫 번째 관점은 효율성, 일관성, 예측 가능성을 배경으로 한 '공학적 리질리언스'로써 이는 생태계가 용수철과 같은 단순한 시스템으로 외부 교란에 의해 파괴 된 후 몇 년 만에 회복되는가를 분석의 초점으로 두었다. 따라서 공학적 리질리언스에서는 회복시간과 효율성이 가장 중요한 척도로 사용된다.

두 번째 관점은 지속성, 변화, 예측 불가능성과 관련된 '생태학적 리질리언스'로써 생태계가 교란되더라도 생태계의 자기 재조직화에 의해 생태계가 유지되는 능력으로 해석된다. 앞선 공학적 리질리언스의 주장으로 초기의 균형 상태로 돌아가는 능력과는 달리, 생태계 구성 요소를 재구성하여 새로운 균형 상태가 되며 본래의 기능을 발휘할 수 있는 능력을 의미한다. 이러한 생태학적 리질리언스는 진화론적 시각을 기반으로 하였다는 점에서 복잡계(Complex System) 개념과 유사한 부분이 다수 있으며 리질리언스 개념의 다른 분야와의 융합 및 확장에 큰 공헌을 하였다.

홀링을 중심으로 등장한 리질리언스 이론은 현재 사회-생태학적 리질리언스로 변환되었으며 자기 조직화를 통한 전환 능력과 학습을 통한 적응 능력이 있어 교란 혹은 충격을 흡수할 수 있는 시스템의 능력으로 규정되었다. 이러한 사회-생태학적 리질리언스는 다양한 사회적 개념과 이슈에 적용되며 재난, 도시, 해안 등 다양한 영역으로 확장되고 있는 추세를 보이고 있다.

이후 분야별, 연구자별 다양한 측면에서 리질리언스에 대해 정의하고 있다. 교육, 심리, 의학 분야에서 리질리언스의 개념은 위기와 역경을 이겨 이전의 상태로 돌아가려는 개인 차원의 복원력(김희경 외, 2011; 현은민, 2007; Cicchetti, 2010)이라는 의미로 사용되고 있다. 경영분야에서 리질리언스는 위기와 실패를 극복하는 정도를 넘어 기업에 심각한 해를 입힐 수 있는 환경 추세를 예상하고 적응하는 능력(Hamel & Valikangas, 2003)이라고 정의하였다. 방재분야에서는 재해발생을 흡수하고 복구할 수 있는 능력(Timmerman, 1981)으로 정의하고 있다. Walker & Salt(2006)

는 혼란을 흡수하고 기본적인 기능과 구조를 유지하는 시스템의 능력을 리질리언스라고 정의했다. Folke(2006)는 분야별로 구분하여 공학적, 생태학적, 사회생태학적 분야에서 리질리언스를 정의하였다. 공학적 리질리언스(Engineering resilience)는 안정적 균형을 추구하여 이전 성장 경로로 회복하는 것을 의미하고, 생태학적 리질리언스(Ecological resilience)는 충격 이후 전단계의 경로에서 벗어나 낮은 수준의 장기 균형 혹은 향상된 성장경로를 갖게 되는 현상이라고 했다. 사회-생태학적 리질리언스(Social-Ecological resilience)는 사람, 사회, 자연의 통합시스템과 피드백, 상호작용에 의한 복합적응계라고 하였다. Folke(2006)는 이를 종합하여 리질리언스는 혼란이나 교란을 흡수하고 기본적인 기능과 구조를 유지하는 시스템의 능력'이라고 정의했다. 또한 리질리언스는 '시스템의 지속성 유지 및 변화와 교란을 흡수하고, 인구나 상태변수 사이에 동일한 관계를 유지하는 능력'이라고 정의(한우석, 2016)되기도 한다. 이처럼 리질리언스는 다양한 분야와 연구범위에 따라 사용되고 적용분야에 따라 다소 의미에 차이가 있더라도 공통분모로서 갖는 요건은 혼란, 스트레스, 역경과 변화 상황에서 적응하고 회복하는 능력이라고 정의할 수 있다. 사실 리질리언스는 모든 살아있는 유기체의 본능이며 환경에 대한 적응력으로 위험(risk)과 복잡성(complexity)을 특징으로 갖는다.

이처럼 리질리언스는 다양한 영역에서 사용되고 있고 영역이 확장되고 있지만, 모든 분야에 걸쳐 일반적으로 받아들일 수 있는 정의는 부재한 실정이다. 현대도시는 정보화, 세계화, 기후변화, 인구고령화 등 기존의 도시 시스템보다 영향을 미치는 변수가 너무 많고, 파급력이 광범위하며 다양하다는 점에서 예측하기 어려운 여건에 노출되어 있다. 도시의 시스템에 위협요인으로 작용할 수 있는 것은 지진, 홍수 등의 자연재해, 교통사고, 산업재해 등의 기술적인 사건, 전염병, 전쟁 등 인간이 유발한 사건, 기후 변화 등 특정 도시에 한정되지 않고 세계 어디서든 일어날 수 있는 사건들이고 특히 취약한 계층에 의도치 않은 영향을 줄 수 있다. 이는 도시의 지속가능성을 위협하는 요인으로 작용하게 되어 방재 측면이나 경제발전 측면에서 도시의 리질리언스를 향상시키려는 노력 이상의 선제적이고 광범위한 관점의 전환이 필요할 것이다. 또한, 도시의 기후변화와 도시화의 폐해에 대응하기 위해 리질리언스를 회복하는 것이 미래를 위한 가장 효과적인 최고의 전략으로 모색된다는 점에서 리질리언스와 도시의 지속가능성을 융합하는 것이 필요하다. 즉 미래 과제를 해결하는데 필요한 능력을 개발하기 위한 포괄적인 개념 (Umbrellar Term)의 접근방법으로 리질리언스를 선택해야 할 것이다. 흔히 도시를 유기체에 비유하고, 각 요소별 각자의 기능과 역할을 하며 생성, 발전, 소멸의 단계를 거치는 과정에서 내·외부의 변화에 적응하며 변화하는 것이라고 한다. 도시생태학적 측면에서 도시가 살아있다는 것은 움직이는 것이고, 변화에 대응하고 적응하는 것이며 도시가 지속되기 위해서는 도시의 리질리언스가 있어야 한다. 최근 유엔 지속가능 발전목표(SDGs, 2015), 유엔 인간정주회의(UN-HABITAT, 2016), 유엔 재난경감국제전략기구의 센다이 프로그램(UNISDR, 2015-2030 Sendai Framework) 등에서도 도시의 리질리언스에 대한 개념을 채택하고 있다.

3. 리질리언스의 이론적 고찰 및 분석

1) 리질리언스에 대한 다양한 관점

(1) 공학적 리질리언스(Engineering resilience)

물리학에서 리질리언스는 본래 성질에 가해진 부분적인 손상을 대체하는데 소요되는 복구시간으로 정의된다(McManus & Polsenberg, 2004). 이와 같이 회복속도에 초점을 두어 리질리언스를 정의하는 접근의 경우 공학적 리질리언스로 정의되는데(Folke, 2006), 이는 초기 생태학자들의 정의(Holling, 1973)에 그 기원을 두고 있다(전대욱, 2013). 초기 생태학자들의 경우 리질리언스를 평형 또는 균형상태(equilibrium or steady state)에 있던 시스템이 외부교란(disturbances)에 의해 균형이 일시적으로 깨질 때 이에 대한 회복시간으로 정의하였다. 이러한 개념의 리질리언스는 시스템 구성요소들이 오로지 하나의 기능수행만을 위해 연계된 경우에 해당한다(서지영, 2014).

공학적 리질리언스는 시스템 기능의 효율성, 시스템의 불변성, 단일의 안정상태 유지에 초점을 두어, 시스템 차원의 리질리언스를 이해하는데 범위가 좁아 한계가 있다(Pisano, 2012). 즉, 공학적 리질리언스는 오직 시스템의 보존을 위한 동요 및 변화에 대한 저항으로 설명된다(서지영, 2014; Folke, 2006).

(2) 생태학적 리질리언스(Ecological resilience)

생태학에서 리질리언스는 이전 상태로 되돌아오는 능력 그 이상의 의미를 지니게 되는데, 시스템 차원에서 발생하는 변화로서 이해된다(서지영, 2014). 리질리언스 개념을 주창한 Holling(1996) 또한 리질리언스를 재정의함으로써 공학적 리질리언스에서 벗어나 생태학적 리질리언스 개념으로 확장하는데, 이에 따르면 리질리언스는 혼란을 흡수하는 체제의 완충장치 또는 능력이거나, 변수를 변화시킴으로써 체제가 구조를 변화하기 전에 흡수할 수 있는 혼란의 크기로 정의된다(서지영, 2014; Holling et al., 1995).

즉, 공학적 리질리언스는 하나의 안정된 평형상태(equilibrium)에 초점을 맞추는 전통적 개념으로서 효율성, 항상성(constancy), 예측성에 주목하는 반면, 생태학적 리질리언스는 다중의 안정 상태(stable states)를 강조하며, 진화적 관점에서 지속성(persistence), 변화성, 비예측성에 관심을 기울인다고 할 수 있다(최충호, 2015; Holling, 1996).

(3) 사회적 리질리언스(Social resilience)

리질리언스 개념은 또한 사회과학의 영역으로 확장되어 경제학 또는 사회적인 영역에서 발생하는 위험과 관련하여 활용되고 있다(Christmann et al., 2011). 일반적으로 사회적 리질리언스는 생태학적 리질리언스와 이론적 기반을 공유하고 있다(Holling, 1973). Adger(2000)에 따르면, 사회적 리질리언스는 사회 그룹들 또는 공동사회가 사회적·정치적·생태학적 변화에서 기인하는 외부 충격과 위험을 다루는 능력을 의미한다(서지영, 2014). 그리고 Walker et al.(2004)은 사회과학분야에서 리질리언스를 '혼란 속에서도 본래의 기능과 구조, 정체성을 유지할 수 있도록 하는 능력'이라고 정의하였다(서지영, 2014; Walker et al., 2004). 또한, 애져(W. Nell Adger)에 따르면, 사회적 리질리언스에 대해 사회 그룹들 또는 공동사회가 사회적·정치적·생태학적 변화에서 기인하는 외부 충격과 위험을 다루는 능력을 의미한다고 설명하였고, 환경변화, 사회적, 경제적,

정치적 변화와 같은 사회인프라에 대한 외부충격을 견뎌내는 인간사회의 역량으로 정의하였다(서지영, 2014; Adger, 2010).

즉, 사회적 리질리언스는 사회시스템이 의존하는 생태학적 리질리언스 시스템의 리질리언스와 관련이 깊다. 생태학적 리질리언스 개념을 사회시스템에 적용하려는 시도는 사회화된 제도와 생태계 간 행태 및 구조 면에서 근본적인 차이가 존재하지 않음을 의미한다(서지영, 2014; Adger, 2010).

(4) 적응적 리질리언스(Adaptive resilience)

리질리언스 개념을 적응과 연관시켜서, 변화에 적응하는 역량으로 리질리언스를 정의하였고, Adger(2003)는 리질리언스는 변화에 저항하거나 적응하는 역량으로 정의하였다. 이렇게 적응을 리질리언스에 포함한 개념 정의는 기존에 변화로 인한 혼란을 수용하고 혼란 이후 안정된 상태로 되돌아가는 정의와 차이를 보인다(서지영, 2014).

(5) 사회-생태학적 리질리언스(Social-ecological resilience)

마지막으로 Folke(2006)는 복잡한 사회생태학적 시스템의 역동성과 진화를 염두에 두고 리질리언스 개념에 혼란에 대한 저항, 적응, 전환을 포함하여 그 개념을 광의의 사회-생태학적 리질리언스로 확장하였다 (Folke et al., 2010). Carpenter et al.(2001)에 따르면, 사회-생태학적 리질리언스를 다음과 같이 해석하였다. 공학적 리질리언스는 안정적 균형을 추구하여 이전 성장경로로 회복하는 것을 의미하고, 생태학적 리질리언스는 충격 이후 전단계의 경로에서 벗어나 낮은 수준의 장기 균형 혹은 향상된 성장경로를 갖게 되는 현상이라고 했다. 사회-생태학적 리질리언스는 사람, 사회, 자연의 통합시스템과 피드백, 상호작용에 의한 복합적응계라고 하였다. Folke(2006)는 이를 종합하여 리질리언스는 '혼란이나 교란을 흡수하고 기본적인 기능과 구조를 유지하는 시스템의 능력'이라고 정의했다.

〈표 2-2〉 관점에 따른 리질리언스 개념 및 특성

리질리언스 관점	특성	초점	맥락
공학적 (Engineering)	복구기간 (Return Time) 효율성 (Efficiency)	복구 (Recovery) 불변 (Constancy)	안정적 균형 (Vicinity of a Stable Equilibrium)
생태학적 (Ecological/Ecosyste)	완충능력 (Buffer Capacity)	지속성 (Persistence) 안전성 (Robustness)	복수평형 (Multiple Equilibria) 안정 (Stability Landscape)
사회적(Social)	충격 완화 (Withstand Shock) 기능유지 (Maintain Function)		
사회-생태학적 (Social-Ecological)	상호작용 (Interplay Disturbance) 재조직 (Reorganization) 유지 및 발전 (Sustaining & Developing)	적응능력 (Adaptive Capacity) 다변성 (Transformability) 학습 및 혁신 (Learning & Innovation)	통합시스템 피드백 (Integrated System Feedback) 역동적 상호작용 (Cross-scale Dynamic Interaction)

자료: 강상준 외(2013); 윤영배(2018); Folke(2006)

2) 다양한 리질리언스 정의

(1) 연구자별 정의

리질리언스 개념을 도입한 초기 연구자인 Holling(1973)은 리질리언스를 '변화와 방해를 흡수하고, 인구나 상태변수 간의 동일한 관계를 유지하는 시스템 능력'이라고 정의하였고, 이후 1995년에 '혼란을 흡수하는 체제의 완충장치나 능력 또는 변수를 변화시킴으로써 체제가 구조를 변화하기 전에 흡수할 수 있는 혼란의 크기'라고 재정의하였다(서지영, 2014; Holling, 1995).

Folke(2006)는 리질리언스를 첫째, 기존 상태로 빠르게 다시 복구되는 능력, 둘째, 외부 충격이나 완만한 변화들에 대한 시스템의 저항능력, 셋째, 변화하는 조건에 적응하는 시스템의 능력으로 3가지 차원에서 논의하였다. 이후 Folke et al.(2010)는 리질리언스란 '혼란이나 교란을 흡수하고 기본적인 기능과 구조를 유지하는 시스템 능력'으로 정의하였다. 또한 Foster(2006)는 지역의 리질리언스를 '방해(disturbance)를 예상, 준비, 대응, 복구하는 지역의 능력'으로 정의하였다.

특히 Folke(2006)는 앞서 설명한 바와 같이 리질리언스 개념을 세 가지로 구분하여 특성, 초점, 맥락의 세 가지 측면에서 각각의 개념을 설명하였는데, 사회-생태학적 리질리언스(Social-Ecological resilience)를 가장 유용한 리질리언스 개념으로 제시하였다(Pisano, 2012). 그리고 리질리언스를 '상태'가 아니라 '과정'으로 보고, 적응과정, 학습과정, 혁신과정을 고려할 것을 제안하였다(Folke et al., 2010).

다음의 〈표 2-3〉은 리질리언스에 대한 다양한 연구자들의 정의를 정리한 것이다.

이처럼 리질리언스의 개념은 등장 이후부터 현재까지 다양한 학자들에 의해 여러 분야와 관점별로 다양하게 정의되고 있음을 확인할 수 있었다. 이들의 정의에서 공통적인 요소는 변화하는 환경에서 회복을 위해 필요한 외부 충격을 견디고 흡수하며 적응하는 능력 즉 제자리로 돌아오는 능력이라는 의미를 공통적으로 내포하고 있음을 알 수 있다(하수정, 2014: 19-20; UN ESCAP, 2013). 그리고 그 핵심은 '방해에 대처하는 능력'이며,

여기서 '방해'는 스트레스, 위기, 재해 혹은 충격 등 다루는 분야에 따라 다양한 의미를 가지나 결과적으로는 시스템의 내부나 외부에 의한 변화의 일종으로 이해할 수 있다(이성희·김정곤, 2014; Wikström, 2013).

〈표 2-3〉 연구자별 리질리언스의 정의

연구자	개념 정의
Holling(1973)	변화와 방해를 흡수하고, 인구나 상태변수 간의 동일한 관계를 유지하는 시스템 능력
Timmerman(1981)	위험한 사건(재난발생)의 발생을 흡수하고 복구할 수 있는 시스템 혹은 시스템 일부의 역량의 척도
Wildavsky(1991)	위험요소들이 알려진 이후 극복하는 법을 학습함으로써 예상하지 못한 위험들에 대처하는 역량
Holling et al.(1995)	혼란을 흡수하는 체제의 완충장치 또는 능력이거나, 변수를 변화시킴으로써 체제가 구조를 변화하기 전에 흡수할 수 있는 혼란의 크기
Home and Orr(1998)	전체적으로 예상된 형태의 사건을 교란시키는 중요한 변화에 장기간에 걸쳐 후퇴하지 않도록 생산적으로 대응하는 개인, 집단, 조직, 시스템의 근본적인 특성
Mallak(1998)	현재 당면한 상황에 대하여 최소한의 고통을 감수하면서 신속하게 설계하고 적응적인 행위들을 실행할 수 있는 개인 또는 조직의 역량
Mileti(1999)	극심한 자연재해에 대해 지역 외부의 도움 없이 자체적 손실 및 생산성 및 삶의 질 감소를 겪지 않고 견딜 수 있는 능력
Parton et al.(2000)	자기복원적(self-righting)인 활동과정을 표현하고 있으며, 이는 자원의 풍족성과 성장을 통해 습득한 것. 즉, 리질리언스는 심리학적으로 개인의 역량과 이전의 경험에 의해 예상되어진 상황에서의 능력보다 큰 역할을 함
Louis Lebel(2001)	어떤 교란에 대해서 생태계가 구조적/기능적으로 원 상태를 유지하려는 잠재력과, 환경변화에 대응하여 시스템이 다시 원상태로 재구성되는 능력에 대한 안정성을 측정한 것
Folke et al.(2002)	사회-생태 시스템에서 리질리언스는 다음의 3가지 특성과 결부되어 있음. (a) 시스템이 충격을 받더라도 현 상태를 유지할 수 있는 충격의 규모, (b) 시스템이 자체적으로 원상복구 할 수 있는 정도, (c) 시스템이 충격에 적응하고 학습하며 적응력을 배양할 수 있는 능력
Godschalk(2003)	재해는 확률적인 부분에 의존하며 재해 발생 이전에는 재해에 대해 완벽하게 알 수 없기 때문에 리질리언스는 궁극적으로 불확실성을 관리하는 것이며, 강력한 재해에도 이겨낼 수 있을 만큼 강하면서도 유연성을 갖춰 재해의 영향에 대해 민첩하게 반응할 수 있는 능력

연구자	개념 정의
Kendra et al.(2003)	남다르거나 특이한 사건에 대응하는 능력
Pelling(2003)	위해한 압박에 대처하거나 적응하는 행위자의 능력
Bruneau et al.(2003), Tierney et al.(2007)	재해 발생시 재해의 영향을 억제하고 위험을 완화, 사회적 혼란을 최소화하고 미래 재해의 영향을 완화하는 방식으로 복구 작업을 수행하는 사회 구성단위의 능력
Foster(2006)	지역의 리질리언스: 장애(교란)을 예상, 준비, 대응, 복구하는 지역의 능력
Mayunga(2007)	재난을 예측하고, 준비하고, 대응하고, 빠르게 회복하는 지역사회의 역량 및 능력
Norris et al.(2008)	교란(혼란) 후에 기능화와 적응의 긍정적 궤적을 위한 일련의 적응 역량을 연결하는 과정
Cutter et al.(2008)	재난으로부터 반응하고 복구하기 위한 사회적 시스템의 능력으로, 시스템이 영향을 흡수하도록 하고, 사건(event)을 극복하도록 하는 내재적인 조건(고유조건) 뿐 아니라 사건 후(post-event)에 위협에 대응하여 재조직화하고 변화하고 학습하는 시스템의 능력을 촉진하는 적응과정 포함
Vugrin et al.(2011)	샌디아 국립연구소에 제시한 리질리언스 개념 이용(시스템 측면). 특정 파괴적인 사건(disruptive event) 발생시, 목표로 하는 시스템의 성과수준으로부터의 이탈의 정도와 기간을 효과적으로 줄이는 능력
Burton(2012)	사람, 공동체 그리고 자연 및 건축환경의 역동적인 상호작용에 기인한 복잡한 과정
Newman et al.(2012)	스마트하고, 안전하며, 지속가능한 인간 활동을 묘사하는 방법. 리질리언스를 갖춘 도시의 특성은 다음과 같음. (a)재생에너지 도시, (b)탄소중립 도시, (c)광역적인 도시, (d)생명친화 도시, (e)친환경적 도시, (f)장소기반적 도시, (g)지속가능한 교통 도시
김태현 외(2011), 신진동 외(2012)	정상상태로의 복원보다 더 나은 가능성을 포괄 도시의 물리적 사회적 요소가 재해에 신속하게 적응하고 더 나은 상태로 회복하는 능력
이임열 외(2013)	풍수해 이후 피해를 회복하는데 필요한 복구능력
강상준(2014)	자연재해 발생시 커뮤니티 시스템 성능을 정상적 상황에서의 시스템 성능 수준으로 크게 떨어뜨리지 않음과 동시에 정상적 상황에서의 시스템 성능 수준으로 신속히 회복할 수 있는 커뮤니티의 시스템 능력
박한나·송재민(2015)	도시풍수해 관점에서 풍수해에 대한 예방 및 저감, 대비, 대응, 복구 전단계에 걸친 도시의 수용능력이라고 정의
박소연(2016)	지역, 도시라는 시스템이 자연재난이라는 외부충격을 받았을 때, 이로 인한 피해를 최소화하고, 신속하게 복구해 지역시스템이 정상적으로 작동할 수 있는 능력
이대웅·권기헌(2017)	재난으로 인한 시스템의 피해 영향을 최소화하고 손상된 시스템을 복구하

연구자	개념 정의
	는데 드는 노력을 최소화하는 지역의 역량
윤영배(2018)	변화에 빠르게 적응하는 능력(Adaptibity), 재난으로부터 생존하고 더 큰 번영으로 가는 원동력(Transformability), 기관 시민 공동체가 함께 예방, 대응, 대비, 복구하는 일련의 재난대응 과정과 시스템의 구축
여성준 외(2018)	재난이전의 상태로 신속하게 복구하고 향후 동일 재난의 피해를 입지 않는 대응능력
김진근 외(2019)	대처능력과 관련이 있으며, 능력은 재난의 예상, 대처, 저항 그리고 복구할 수 있는 능력과 자원을 말하고, 대처능력은 재난에 맞서고 관리할 수 있는 능력임. 즉, 재난위험을 높이는 취약성을 낮추고, 지역사회에서 취약했던 것을 더 좋은 방향으로 보완할 수 있는 기제를 도입할 수 있는 기회를 제공한다는 측면에서 지역사회 중심의 재난회복력 개념을 설명함
이가을·변병설(2020)	위험(hazards) 발생으로 인한 충격을 흡수하고 복구하는 대체능력 지자체 역량 통해 재난으로 인한 피해영향과 그 복구비용을 최소화(Vugrin et al.(2011)의 연구토대로 연구수행)
김창진(2021)	하나의 시스템이 재난·사건에 따른 충격, 피해에 있어 적응 및 대응하고 이전보다는 더 나은 상태로 복구하고자 하는 역량

자료: 김정곤 외(2014); 김태현 외(2010); 류현숙 외(2009: 19); 하수정 외(2014: 18); 회복력 있는 도시; Burton(2012: 8); Wikstrom(2013)

    Timmerman(1981)은 재난에 대한 취약성과 리질리언스를 구분하면서, 취약성은 시스템 또는 시스템의 일부가 위험한 사건 발생에 대해 역으로 반응할 수 있는 정도이고, 리질리언스는 위험한 사건(재난발생)의 발생을 흡수하고 복구할 수 있는 시스템 혹은 시스템 일부의 능력의 척도라고 정의하였다.

    2000년대 이후의 Paton et al.(2000)의 연구에 의하면 리질리언스는 개인의 역량과 이전의 경험에 의한 자기복원적인 활동과정으로 표현하고 자원의 풍족성과 성장을 통해 습득한 것이라고 정의하고 있다. Lebel(2001)은 어떤 교란에 대해서 생태계가 구조적 기능적으로 원상태를 유지하려는 잠재력과 환경변화에 대응하여 시스템이 다시 원상태로 재구성되는 능력에 대한 안정성을 측정한 것으로 정의하고 있으며,

Folke et al.(2002)에 의하면 복원탄력성은 시스템이 충격을 받더라고 현 상태를 유지할 수 있고, 시스템이 자체적으로 원상복구 할 수 있으며, 시스템이 충격에 적응하고 학습하며 적응력을 배양할 수 있는 능력이라고 설명하고 있다.

Godschalk(2003)은 확률적 특성을 지닌 자연재해는 발생 이전에 완벽하게 알 수 없기 때문에 리질리언스를 강력한 재해에도 이겨낼 수 있는 역량으로 정의하며, 도시는 리질리언스를 확보하기 위해 가외성, 다양성, 효율성, 자율성, 강도, 적응성, 협동성을 갖춰야한다고 설명하고 있다. 이와 비슷하게 Kendra et al.(2003)과 Pelling(2003)은 어떤 사건(위해한 압박, 특이한 사건)에 대응하거나 적응하는 능력으로 리질리언스를 정의한다. 이들 학자가 정의하고 있는 리질리언스 개념을 종합하면 첫째, 자연재해의 경험을 바탕으로 학습하여, 둘째, 향후 자연재해 발생시 그 피해를 최소화하거나 이겨낼 수 있고, 셋째, 피해 발생시 피해로부터 지역을 원래의 상태로 복구할 수 있는 지역의 역량으로 정리할 수 있다.

Bruneau et al.(2003), McDaniel et al.(2008), Tierney et al.(2007)은 인프라에 대한 MCEER의 개념틀을 이용하여 리질리언스를 위험을 완화하고 재난이 발생할 때 그 영향을 억제하고, 사회적 혼란과 미래 지진의 영향을 완화하는 방식으로 회복활동을 수행하는 사회적 단위(조직, 커뮤니티)의 능력이라고 정의하였다

Norris et al.(2008)은 기존 리질리언스 개념을 종합하여 커뮤니티 리질리언스를 교란 후에 기능화와 적응의 긍정적 궤적을 위한 일련의 적응 역량을 연결하는 과정이라고 정의하였으며, Cutter et al.(2008)은 자연재해에 대한 커뮤니티 리질리언스를 재난으로부터 반응하고 복구하기 위한 사회적 시스템의 능력으로 정의하였는데, 이는 시스템이 영

향을 흡수하도록 하고 사건을 극복하도록 하는 내재적인 조건뿐만 아니라 사건 후에 위협에 대응하여 재조직화하고 변화하고 학습하는 시스템의 능력을 촉진하는 적응과정을 포함한다고 보았다. Burton(2012)은 자연재난 리질리언스를 사람, 공동체, 그리고 자연 및 건축환경의 역동적인 상호작용에 기인한 복잡한 과정이라고 정의하였다.

이 외에 국내 학자들도 다양하게 리질리언스를 정의하였다. 김태현 외(2011)는 정상상태로의 복원보다 더 나은 가능성을 포괄하여 도지 재난 리질리언스를 도시의 물리적·사회적 요소가 재해에 신속하게 적응하고 더 나은 상태로 회복하는 능력이라고 정의하였다. 이는 재해로부터 발생한 사회생활의 물리적, 사회적, 심리적 현실에 대한 새로운 변화로 인해 이전상태로 돌아가는 현실적으로 어렵다는 점에 주목한다.

강상준(2014)은 자연재해로부터의 커뮤니티(지역사회)의 리질리언스에 대해 재해로 인해 우리사회가 정상적인 기능을 하지 못하고 다시금 원래의 기능을 회복하기까지 사회에 미치는 영향이라고 정의하였다. 즉 재해로 인해 사회가 지출해야 할 비용차원에서 포괄적인 이해 노력이 필요하다고 하면서, 이와 함께 1) 회복, 극복, 탄력, 유연의 개념에 대한 이해, 2) 완화, 대비, 대응, 복구의 재난대응 4단계 개념과 3) 자연재해의 경우 교육, 의료, 심리 등의 분야와 달리 개인의 범위를 넘어서는 커뮤니티 수준에서 논의되어야 한다고 보았다. 이와 함께 Vugrin et al.(2011)의 개념을 받아들여 '자연재해 발생시 커뮤니티의 시스템 성능을 정상적 상황에서의 시스템 성능수준으로 크게 떨어뜨리지 않음과 동시에 정상적 상황에서의 시스템 성능수준으로 신속히 회복할 수 있는 커뮤니티의 시스템 능력'으로 정의하였다.

박한나·송재민(2015) 도시풍수해 관점에서 풍수해에 대한 예방 및 저감,

대비, 대응, 복구 전단계에 걸친 도시의 수용능력이라고 정의하였다. 박소연(2016)은 지역, 도시라는 시스템이 자연재난이라는 외부충격을 받았을 때, 이로 인한 피해를 최소화하고, 신속하게 복구해 지역시스템이 정상적으로 작동할 수 있는 능력이라고 정의하였다. 윤영배(2018)는 울산형 리질리언스 개념을 리질리언스의 속성인 내구성, 가외성, 신속성 등과 위험요인을 급성충격과 만성압박으로 구분한 재난위험도 분석결과 등을 토대로 '변화에 빠르게 적응하는 능력(adaptability), 재난으로부터 생존하고 더 큰 번영으로 가는 원동력(transformability), 기관 시민 공동체가 함께 예방, 대응, 대비, 복구하는 일련의 재난대응 과정과 시스템의 구축'이라고 정의하였다. 김진근 외(2019)는 지역사회에 주목하면서 지역사회 재난 리질리언스는 대처능력과 관련이 있고, 능력은 재난의 예상, 대처, 저항 그리고 복구할 수 있는 능력과 자원을 말하고, 대처능력은 재난에 맞서고 관리할 수 있는 능력이라고 정의하였다. 즉, 재난위험을 높이는 취약성을 낮추고, 지역사회에서 취약했던 것을 더 좋은 방향으로 보완할 수 있는 기제를 도입할 수 있는 기회를 제공한다는 측면에서 지역사회 중심의 재난회복력 개념을 설명하였다. 그리고 김창진(2021)은 '하나의 시스템이 재난·사건에 따른 충격, 피해에 있어 적응 및 대응하고 이전보다는 더 나은 상태로 복구하고자 하는 역량'으로 정의하였다. 이 정의에는 단순히 이전 상태로 되돌아가는 역량보다 향후 재난이 발생해도 조금이나마 더 피해를 감소시키고, 신속한 복구를 할 수 있는 더 나은 상태로 가는 의미를 포함한다. 이에 지역사회 관점에서 회복력이 높은 지역사회는 재난발생으로 인한 피해로부터 빠르게 회복할 수 있을 뿐만 아니라 재난이 발생하더라도 지역사회의 전반적인 기능이 덜 저하될 수 있음을 의미한다.

(2) 기관별 정의

다음은 리질리언스에 대한 국외 기관별 정의와 특성을 살펴보고자 한
다. 이들의 정의에 따르면 리질리언스는 기존의 지역 특성을 인지하고,
변화를 유발하는 자연재해 발생에 대해 적응하고 기존의 상태를 유지할
수 있는 역량으로 정의하고 있다.

〈표 2-4〉 기관별 리질리언스의 정의

기관	개념 정의
Resilience Alliance	인간과 자연을 통합적인 시스템으로 간주하며 생태계가 붕괴되지 않고 원상태를 유지할 수 있는 교란의 정도이며 리질리언스를 지닌 생태계는 외부자극에 대해 원래 상태로 회복할 수 있음. 사회 시스템에서의 리질리언스는 기존의 생태계 리질리언스에 인간이 앞날을 예측하는 능력의 정도가 포함된 개념 리질리언스는 다음과 같은 특징이 있음. (a) 시스템이 같은 기능과 구조를 유지하고 견디는 능력, (b) 자가회복(재구성)하는 정도, (c) 외부자극에 대해 학습하고 적응하는 용량을 증진시키는 능력
UN ISDR	시스템, 커뮤니티, 사회가 잠재적으로 재해에 대해 적응하고 기존의 기능과 구조를 유지하고자 하는 저항력을 말하며, 이는 사회적 시스템이 재해 이후 스스로 원상태로 재구성하고 향후 재해위험도를 낮추며, 학습을 통해 재해방어능력을 증진시키는 능력의 정도에 의해 결정됨
Millennium Ecosystem Assessment	생태계가 다른 구조로 이루어진 상태로 바뀌지 않을 정도의 교란수준을 말하며, 생태적 역동성과 공공기관이나 기구가 교란을 이해하고 관리하며 반응하는 능력에 달려 있음
IPCC	방해를 흡수하고, 변화된 후에 재구성하고도 여전히 동일한 정체성을 유지하는 능력
International Federation of Red Cross and Red Crescent Societies(IFRC)	자연재해에 회복하고 적응하고 살아남는 능력을 말하며, 발생가능한 재해를 이해하고 재해발생 이전에 위험성을 감소시킴으로써 재해발생시 빠르게 복구할 수 있게 하느냐에 달려있다. 이러한 활동은 반드시 제도적으로 계획하여야 하고, 이를 통해 재해발생 이후의 생산성 하락, 파괴적인 손실, 삶의 질 하락을 최소화 하여야 함
Environmental Advisory Council, Swedish Government	리질리언스는 기능을 유지하면서 충격을 흡수하는 능력이며, 어떠한 변화가 발생하면 리질리언스는 재생(renewal)과 재구성(reorganization)을 거침. 리질리언스를 지닌 시스템에서의 변화는 개발의 기회를 제공하고 새로움과 혁신을 가져오나, 취약한 시스템에서는 아주 작은 변화만으로도 심각한 피해가 발생할 수 있음

기관	개념 정의
Swedish Water House	변화의 압력을 견뎌내는 동시에 시스템이 파괴되었을 때 다시 복구하거나 재건하는 능력
ICLEI	위기 및 재해, 급격한 변화로부터 다시 회복, 적응, 생존하고, 스트레스를 이겨내는 지역사회의 수용력 또는 능력을 의미 스트레스를 이겨내는 공동의 수용력과 능력을 만들기 위한 집단적인 노력에 대한 사회의 이익으로 이해될 필요가 있음
OECD	지속가능한 발전과 복지(well-being) 및 포괄적 성장을 위해 경제, 환경, 사회적인 충격 또는 만성적인 압력으로 인한 영향을 흡수, 복구하고 적응하는 능력

자료: 정주철(2018)

Resilience Alliance에서는 리질리언스를 지니고 있는 생태계는 외부자극에 대해 원래 상태로 회복할 수 있다고 설명하며, 사회적 시스템에서의 리질리언스는 기존의 생태계 리질리언스에 인간의 예측능력이 포함된 개념으로 제시하고 있다. 즉, 기존의 기능과 구조를 유지하고 견디는 능력이며, 자가회복하고, 외부자극에 대해 학습하고 적응하는 능력을 증진시키는 능력이라고 정의하고 있다

UN ISDR에서도 이와 비슷하게 커뮤니티, 지역사회가 잠재적으로 재해에 대해 적응하고 기존의 기능과 구조를 유지하고자 하는 저항력으로 정의하며, 사회적 시스템이 자연재해 발생 후 스스로 원상태로 돌아가고 향후 발생할 수 있는 재해위험도를 낮추고 학습을 통해 재해방어능력을 증진시키는 능력을 포함한다고 말한다.

MEA(Millennium Ecosystem Assessment)와 IPCC는 자연재해 발생시 현 상태에서 변화하지 않고 유지할 수 있는 능력으로, 해당 지역의 공공기관이나 기구가 자연재해를 이해하고 관리 및 반응하는 역량에 달려있음을 언급하고 있다. IFRC도 비슷하게 자연재해에 회복하고 적응하며 살아남는 능력으로 정의하며, 향후 발생 가능한 재해를 이해하고 재해발

생 이전에 위험성을 감소시킴으로써 재해 발생 시 빠르게 복구할 수 있도록 지역사회가 리질리언스를 확보해야 한다고 언급하고 있다.

기관별로 정의하고 있는 리질리언스는 결국 지역사회가 자연재해를 이해하고 향후 발생할 수 있는 자연재해에 대비하여, 발생 시 이에 적응하고 기존의 기능과 구조를 유지 및 복원하는 능력으로 볼 수 있다. 앞서 살펴본 학자별 리질리언스 정의와 동일하지는 않으나 의미하는 바는 유사함을 알 수 있다. 즉 지역사회가 자연재해에 대비하여 지녀야 하는 리질리언스라는 것은 자연재해(위협요인)에 대한 경험 및 이해를 토대로 꾸준히 학습하여, 향후 발생할 자연재해 피해를 최소화하고 원래의 지역사회로 복원하는 것을 의미한다. 여기서 중요한 점은 피해를 최소화하고 피해 발생시 원래의 지역사회로 복원하기 위해서 지역사회는 어떠한 리질리언스를 가져야 하냐는 것이다.

앞서 제시한 리질리언스의 개념에서 리질리언스는 압력(pressure)과 반응(response)이라는 측면으로 구분하여 설명할 수 있다. 이를 통해 지역사회가 어떠한 리질리언스를 가져야 하는지를 파악할 수 있다. 즉, 지역사회의 지속가능성(기존의 상태 유지)을 보호하기 위해 가져야 하는 지역사회의 '반응(역량)'과 위협요인인 '압력(취약성)'으로 개념을 확장하여 파악할 수 있다. 압력(취약성)은 자연재해라는 사건과 자연재해에 취약한 지역의 특성으로 볼 수 있으며, 반응(역량)은 피해를 최소화하고 복원할 수 있는 지역사회의 역량으로 볼 수 있다.

(3) 주요 연구분야별 정의
① 도시생태학 분야

오늘날 도시계획분야에서 리질리언스 이론을 가장 활발하게 적용하고 있는 분야는 도시생태학(환경계획 및 환경관리 포함) 분야이다. 1973년 리질리언스 개념을 제시한 홀링이 생태학자였으며, 이후 오랜 시간동안 이론을 발전시켜 온 건더슨(Lance Gunderson), 워커(Brian Walker), 카펜터(Stephen R. Carpenter) 등의 핵심적인 학자들 대부분이 생태학자였다. 이들은 오늘날 '리질리언스 연합(Resilience Alliance)'을 중심으로 활발하게 활동하고 있으며, '생태학과 사회'(*Ecology and Society*)라는 저널을 통해 리질리언스와 관련된 연구들을 정기적으로 출간하고 있다.

오늘날의 도시생태학은 '인간의 복지(human well-being)'와 생태계의 '지속가능성(sustainability)'을 목표로 도시화 과정(urbanization patterns) 및 도시화의 환경에 대한 영향(environmental impacts)을 집중적으로 연구하고 있다(Resilience Alliance, 2007). 이에 따라 도시생태학 분야에서는 일반적으로 생태시스템(자연생태계)의 사회시스템(인간의 활동)에 대한 리질리언스에 초점을 맞추는 경향이 있다. 다시 말해, 도시생태학은 인간의 도시화, 화석연료의 과다 사용, 대규모 농업 등과 같은 생태계 교란(ecological disturbance)에 대한 전체 생태계의 리질리언스를 과학적으로 규명하고자 한다.

② 의학 분야

의학 분야에서는 리질리언스의 개념을 개인의 범주에서 해석하고 있다. 홍성경(2009)은 '삶을 위협하거나 삶의 질을 변화시키는 위기와 역경을 맞아 이를 견디고 이겨내는 심리사회, 관계, 상황, 신념(철학)특성으로 구성되며, 이를 통해 역경을 수용하고 두려움과 염려에서 벗어나 감사와 나눔의 생활을 통해 기쁨을 느끼게 하는 인간의 자질(특성/능력)'으로 정의하고 있다. 김희경 외(2011)는 '위기와 역경을 인대하고 성장해가는 역동적인 과정으로, 환경의 위험에도 불구하고 영향을 받지 않을 수 있는 능력'으로 리질리언스를 기술하고 있다(Im, Oh, Park, Lee, & Lee, 2002).

③ 경영관리 분야

헤멀은 경영학점 관점에서 "전략적 리질리언스(Strategic resilience)"라는 개념을 이용하여 리질리언스의 개념을 가장 먼저 소개하였다. 그는 전략적 리질리언스를 '일회성의 위기 극복을 넘어 지속적으로 기업에 심각한 해를 미칠 수 있는 경영환경변화를 예상하고 이에 적응해 나가는 역량'이라고 정의하였다. 기업의 리질리언스 강화를 위한 조건은 창의성(creativity), 기동성(agility), 다양성(diversity), 내구성(robustness), 가외성(redundancy), 융통성(resourcefulness), 대응성(response), 회복력(recovery) 등으로 이해된다(유종기, 2013; 조희재, 2010).

④ 재난방재(disaster prevention) 분야

재난방재 분야는 도시생태학 분야와 달리 사회시스템(인간의 활동)의 생태시스템(자연생태계)에 대한 리질리언스에 초점을 맞추는 경향이 있다. 상대적으로 도시생태학 분야가 사회생태시스템의 전체적인 시스템 특성에 관심이 있다면, 재난방재 분야는 커뮤니티 시스템의 리질리언스에 관심을 기울인다.

재난방재 분야의 문헌들은 기본적으로 '발달 심리학'(developmental psychology)과 '정신 건강'(mental health)에 기반을 두고 있다. 재난 방재는 외부 충격에 대한 인간의 회복과 정신 건강 유지를 중요한 목적으로 하기 때문이다. 이에 따라, '인간-장소 연계'(people-place connections), '가치와 믿음'(values and beliefs), '지식과 학습'(knowledge and learning),

'사회적 네트워크'(social networks), '협력적 거버넌스'(collaborative gover-
nance), '경제적 다양화'(economic diversification), '사회기반시설'(infra-
structure), '리더십'(leadership), '전망'(outlook) 등에 관심을 기울인다
(Berkes & Ross, 2012). 이와 같은 개념들은 커뮤니티 차원의 도시 사회학
적 가치들과 패러다임 전환기에 있는 오늘날의 계획 원리들과 맥락을
같이 하는 것이라 할 수 있다(Vale et al., 2005).

재난 분야에서 리질리언스는 물리·생태·사회 및 도시, 지역사회
(community), 개인 등 다양한 분야에서 정의된다. 대부분 혼란, 스트레
스, 역경 상황에서 성공적으로 적응해가는 능력을 강조한다. 연구자에
따라 다양하게 정의되고 있지만 대략적으로 '재난에 적응하고 회복하는
능력'으로 요약된다(재난안전연구원, 2014).

방재 분야에서는 재난이나 위기를 환경적 요인에 의한 불가피한 외부
적 충격, 스트레스, 피해의 결과로 보았다. 하지만 환경결정론적인 사고
에서 사회의 정치, 사회, 경제적 조건들에 따라 피해 정도가 달라질 수
있다는 측면에서 회복력과 적응력이라는 개념이 제시되었다(류현숙 외,
2009). 또한 강상준 외(2013)는 기존의 재난대응에 대한 접근방법은 '재
해와 그로 인한 피해'에 초점이 맞추어져 있었지만 최근에는 '지역사회
의 범주 안에서 재해를 이해'하는 것의 필요성과 중요성이 논의되고 있
다고 주장하였다. 이와 같이 회복력과 적응력을 예방적 차원에서 취약
성을 평가하는 것 중심에서 사전조치적인 대응방식으로 평가하는 패러
다임으로 변화하고 있다(하수정 외, 2014)

4) 리질리언스 개념의 재정립

앞서 검토한 리질리언스의 정의를 종합해보면, 리질리언스란 한마디

로 교란을 흡수하여 전과 다름없이 그 기본 기능과 구조를 유지하는 시스템의 능력이다. 한편으로는 리질리언스를 지역사회가 가지고 있는 역량으로, 지역사회가 근본적으로 가지고 있는 특성(압력, 위험)과 위험으로부터의 반응(역량)의 측면으로 정의할 수 있다. 지역사회가 근본적으로 가지고 있는 특성은 하나의 위험요인으로 볼 수 있으며, 위험은 자연재해(빈도, 강도)와 취약성(노출, 역량)으로 정의될 수 있다. 반면 반응의 측면은 자연재해 발생시 피해를 최소화하기 위해 재난대응과정 전 부문(완화, 대비, 준비, 대응, 복구)에 대한 지역사회의 역량으로 적응역량 및 지역사회가 지니고 있는 자본이나 자원으로 볼 수 있다. 리질리언스는 자연재해의 위험과 더불어 지역이 지니고 있는 특성에 따른 취약성, 그리고 자연재해라는 사건에 대해 반응하는 지역사회의 역량으로 개념화할 수 있다.

리질리언스는 한 분야의 학문 영역에서 다루기에는 어려운 매우 복합적인 요소들이 어루어져 있다. 따라서 통합 학문적 특성을 지닌 리질리언스를 확립하는데 필요한 요소를 쉽게 이해하기 어렵다. 우리가 명확히 이해할 수 있기를 바라지만 리질리언스 접근법을 규정하기란 쉽지 않다. 앞선 개념 정의들을 종합해본다면 리질리언스는 다음과 같은 9가지 가치가 그 바탕을 이루는 것이어야 한다. 다시 말해서 **리질리언스는 아래의 9가지를 포괄하고 있는 개념으로 재정립되어야 한다.**

그 **첫 번째는 다양성이다.** 리질리언스는 모든 형태의 생물적, 지형적, 사회적, 경제적 다양성을 바탕으로 이루어진다. 다양성이란 미래 대안들의 중요한 원천이며 변화와 교란에 다양한 방법으로 대용할 수 있는 시스템의 능력이다. 라질리언스를 갖춘 사회·생태 시스템에서는 다양성을 환영하고 권장하여 동질화되거나 단순화되는 세상을 보완하고 보충할 것이다. 다양성은 토지와 자원을 폭넓게 사용하도록 할 것이다.

두 번째는 생태적 변이이다. 리질리언스는 생태적 변이를 통제하고 줄이려 하기보다 받아들여서 이러한 변동과 함께 움직이는 것이다. 현재 인간이 직면하고 있는 심각한 환경 문제들은 대부분 이전에 생태적 변이를 축소하고 통제하려 노력했던 결과다. 홍수 수위를 통제하고 해로운 생물종 집단이 '대량으로 발생'하지 못하게 방제하는 일 등이 그 예이다. 시스템의 리질리언스를 유지하려면 생태적 변이의 한계를 살펴보아야 한다. 산불이 발생하지 않으면 얼마 지나지 않아 불에 내성을 지닌 생물종이 사라지고 숲은 불에 아주 취약해진다.

세 번째는 모듈화(modularity)이다. 리질리언스는 여러 모듈 요소로 이루어져야 한다. 리질리언스 시스템에서 한 구성요소가 반드시 나머지 모든 구성 요소와 연결될 필요는 없다. 과잉 연결 시스템은 충격에 취약하고 그 충격들은 시스템 전제에 빠르게 전파된다. 리질리언스 시스템은 이런 경향을 거스르며 어느 수준의 모듈화를 창조하고 유지되어야 한다.

네 번째는 느린 변수 인정이다. 리질리언스는 문턱과 관련된 '느린' 조절 변수에 초점을 맞추어 정책을 수립, 집행되어야 한다. 사회·생태 시스템의 틀을 형성하는 중요한 느린 변수와 이 변수들 사이에 존재하는 문턱에 초점을 맞춘다면 우리는 시스템의 리질리언스를 더욱 잘 관리할 수 있다. 그렇게 되면 바람직한 체제의 공간(크기)이 늘어나 시스템은 인간의 행동 때문에 생길 수 있는 교란을 좀 더 많이 흡수해 바람직하지 못한 체제로 바뀌지 않을 수 있다.

다섯 번째는 견고한 피드백이다. 리질리언스 시스템에서는 피드백의 강도를 지금처럼 견고하게 유지하거나 더욱 견고하게 만들려고 노력해야 한다. 이러한 피드백 덕분에 인간은 문턱을 건너기 전에 미리 문턱을 알아차릴 수 있다. 한때 견고했던 피드백은 세계화 때문에 더뎌지고 있다. 선진국 국민들은 개발도상국에서 만든 상품을 최종적으로 소비함으로써 약한 피드백 신호를 받게 되었다. 피드백은 모든 스케일에서 느슨해지고 있다.

여섯 번째는 사회 자본이다. 리질리언스는 어떤 변화나 교란에도 힘을 합쳐 효과적으로 대응하는 시스템 구성원들의 능력과 아주 밀접하게 관련되어 있다. 신뢰, 강력한 관계망 리더십은 모두 리질리언스가 확실히 일어나도록 하는데 중요한 요소들이다. 여러 사람이 공유하는 자원을 부당하게 사용하거나 횡령, 도용하는 사람을 강력하게 처벌할 수 있는 기관의 존재 여부도 마찬가지로 중요한 요소이다(Ostrom, 1999). 이러한 각 속성들은 흔히 '사회 자본'이라고 일컬어지는 자본의 구성요소이다. 적용성을 발현시키려면 이 구성요소들이 함께 작동되어야 한다. 재러드 다이아몬드가 일찍이 그린란드에 정착했던 유럽인들이 어떻게 죽어갔는지 생생하게 묘사한 바와 같이(Diamond, 2005), 정착민들 사이에서만 형성된 유대감은 비생산적이었고 적용적 변화를 저해했다.

일곱 번째는 혁신이다. 리질리언스 접근법은 참신함과 혁신을 권장한다. 현재 시스템에서는 대부분 변화에 도움을 주기보다 변화하지 않게 하려고 보조금을 제공한다. 물론, 인간의 개입으로 가뭄이 극복되고 홍수 수위가 줄어들고 있지만 기존 일 처리 방식을 계속 고집한다면 적용성을 거스르며 일하고 있는 것이다. 리질리언스를 갖춘 시스템은 구성원들이 실험을 하고 다양한 방법으로 새로운 일을 시도할 수 있도록 보조금을 지급하며, 변화하려는 사람들에게 기꺼이 도움을 줄 것이다. 혁신을 가능하게 만드는 일은 공간을 만드는 데 있어 중요하다.

2장 _ 리질리언스 개념의 정립 **59**

리질리언스 사고방식은 변화와 교란을 무시하거나 억누르지 않고 받아들인다. 후방 순환이 견고했던 결합과 행동을 파괴하면, 새로운 기회가 열리고 성장에 쓰일 새로운 자원이 만들어진다. 리질리언스를 갖춘 시스템에서는 기회가 열려있지만 기존 접근법에서는 기회의 가능성이 차단되어 있다. 예를 들어, 과정에 계속 집착할수록 리질리언스 사고자에게는 경종이 올린다.

여덟 번째는 거버넌스 중복(Overlap in governance)이다. 리질리언스를 갖춘 세상에는 중복된 거버넌스 구조가 남겨 있고 접근권이 중복된 공유재산과 사유재산이 뒤섞여 있는 단체가 존재할 것이다. 리질리언스를 갖춘 사회·생태 시스템은 여러 가지 중복된 방식으로 변화하는 세상에 대응한다. 단체의 중복성이 클수록 시스템의 반응 다양성과 유연성은 커진다(Ostrom, 1999). 그렇게 구성된 단체는 여러 범위에 걸쳐 일어나는 작용을 확실히 인식하고 대응할 수 있다. 중복된 기능이 없는 하향식 거버넌스 구조는 단기적으로 볼 때는 효율적이지만 그 구조를 만들어냈던 상황이 갑자기 바뀌면 제대로 작동하지 못할 때가 많다. 변화의 시간에는 좀 더 지저분한 구조가 오히려 잘 작동한다. 자원을 사용하면서 발생하는 여러 가지 비극은 접근권과 소유권에서 발생한다. 법적 권한이 중복되고 공유재산권과 사유재산권이 뒤섞이면, 서로 연결된 여러 사회·생태 시스템의 리질리언스가 늘어날 수 있다(Diez et al., 2003).

아홉 번째는 생태계 서비스(Ecosystem services)이다. 리질리언스에는 값을 매길 수 없을 정도로 귀중한 모든 생태계 서비스가 담겨 있을 것이다. 사람들은 생태계에서 이득을 얻으면서도 이를 알지 못하거나 공짜라 여긴다. 생태계 서비스들은 대개 체제가 바뀔 때 달라지며 사람들은 서비스가 사라지고 나서야 이러한 서비스를 인식하고 이해한다.

또한 시장중심 경제에서 서비스는 완전히 무시되고 있다.

4. 글을 마무리하며

환경에 대한 위기에서 시작된 지속가능성 논의는 다양한 영역으로 확장되어 21세기 전반의 시스템으로 자리하게 되었다. 이로부터 시작된 지속가능성은 성장의 한계와 환경오염, 기후변화라는 위험에 처하면서 리질리언스라는 개념을 적용하기에 이르렀다. 리질리언스라는 개념은 공학적, 생태학적 개념으로 등장하여 도시에 적용된 지 얼마 되지 않았지만, 다양한 방식과 연구영역으로 확장되며 꾸준히 연구가 이루어지고 있다.

이 글에서는 리질리언스 개념의 이해를 위해 이와 관련된 유사 개념과 리질리언스의 다양한 관점을 살펴보았다. 아울러 리질리언스의 정의와 특징 등을 중심으로 이론적 분석을 진행하여, 리질리언스 개념을 물리·환경적, 경제적, 사회적, 제도·조직적 측면에서 종합하고 확장할 것을 제시했다는 점에 의의가 있다. 그러나 이 글에서는 다루지 못했던, 도시 시스템적 접근을 통해 리질리언스 개념 적용에 관한 각 영역별 방안을 제안하는 방법을 채택할 필요가 있다. 그리고 아울러 좀 더 세부적이고 구체적인 정책적 시사점과 개선 방안 제시도 필요하다. 향후 연구에서는 각 영역별 리질리언스 개념을 적용하는 기준과 목표 설정, 세부적인 정책방향과 실행방안 등과 구체적이고 실효성 있는 경험적 사례를 제시하는 등의 실행과 관련된 연구로 발전시켜야 할 것이다. 지속가능성의 개념이 균형이론의 기초에서 출발하여 현존 자원의 효율적 활용과 지역의 성장을 추구하는 경향이 강한데 반해, 현대 도시의 상황은 다양하고 광범위하며 급속도로 변화하고 있다. 따라서 급변한 변화와 위기에 대응하고 불확실한 미래 위협요인을 감소, 완화, 대응하기 위해서 리질리언스 개념을 도시계획과 정책에도 적용할 필요가 있다.

리질리언스 개념은 점차 도시방재나 도시계획뿐 아니라 우리 사회 전반에 걸쳐 중요한 화두로 논의될 것으로 전망된다. 따라서 기존의 국토, 도시, 그리고 사회정책의 패러다임 변화의 잠재력을 갖는 리질리언스 개념의 재해석과 정책적 적용의 가능성에 대한 논의는 현 시점에서 매우 중요한 과업이라고 할 수 있다. 리질리언스 개념은 자연재해뿐만 아니라, 생태학, 심리학, 사회학, 지리학, 교육학, 그리고 공공보건 등에 이르기까지 다양한 분야에서 논의되었고 발전시킬 필요가 있는 개념이다. 하지만 안타깝게도 아직까지는 정립된 리질리언스 개념적 틀이 부재하며 이를 적용되고 있는 실제 정책적 사례는 찾아보기 어려운 실정이다.

과거 자연재해분야에서는 취약성과 재난대응 4단계는 자연재해 대응 정책과 연구의 주요개념으로 논의되어왔다. 하지만 Mayunga(2013)가 기술하였듯이 오늘날까지 자연재해에 대한 다각도의 노력에도 불구하고, 우리사회는 점차 높아져 가는 취약성과 그로 인한 자연재해 피해를 경험하고 있다. 그리고 이러한 우리사회의 경험은 재해 연구 분야를 중심으로 과거 취약성 중심의 대책에서 어떻게 우리의 지역사회를 보다 자연재해로부터 회복탄력성있게 만들 수 있을까에 대한 이해로의 전환을 맞고 있다고 할 수 있다. 과거에도 '재해 완화' 개념이 있었지만 회복탄력성에는 '완화' 개념이 보다 더 중요하게 강조되고 있다. 예컨대 자연재해로부터 취약한 부분을 찾아내어 재해로부터 피해를 입지 않게끔 방지 또는 최대한 피해를 줄이고자 하는 접근에서 자연재해로부터의 피해를 입는 것은 불가피하므로 최대한 적은 피해를 입고 신속히 원래 상태로 회복하자라는 의미이다.

리질리언스 정량화는 국내외 선행연구에서 몇 차례 이루어졌으나, 아직까지 실제 정책에 활용할 수 있을 정도의 구체성과 신뢰도를 제시하고 있지는 못하다. 미국 국토안보부는 2005년 TF를 구성하고 국가기반시설 리질리언스를 최우선 과제로 지정한 바 있다. 그리고 그 실현을 위해 리질리언스의 객관적 측정방법인 정량화 방안을 샌디아국립연구소 회복탄력성 평가 연구를 의뢰하기도 하였다. 정량화 작업은 어느 지역 또는 우리 사회 어느 부분에서 리질리언스 확보를 위한 정책적 노력이 필요한가를 보여주는 지표의 역할을 한다. 리질리언스는 국토도시정책분야의 새로운 패러다임의 잠재력을 가지고 있는 개념이다. 하지만 아직 정책적 과제로까지의 도출은 어려운 실정인 만큼, 앞으로 지속적인 연구와 정책적 구현의 노력이 필요하다.

리질리언스 개념을 도시에 적용하면 미시적인 각 도시의 문제를 국가, 세계로까지 확장할 수 있는 사고의 틀을 제공할 수 있다. 즉 기존에는 개별 도시의 성장과 발전을 위해 정책을 펴고 이를 평가하던 방식이었다면, 리질리언스 개념을 도입하면 도시, 국가, 인류와 생태계까지 고려하는 도시정책으로 변화하게 되고, 이는 지속가능성이라는 개념을 실현시킬 수 있는 기틀을 제공할 수 있을 것이다. 하지만 리질리언스 개념에 피상적으로 내재된 긍정적 부분이 단순히 정책이나 계획의 목표에서 수사적으로 사용되거나, 구체적인 방안이 미흡한 상태로 무분별하게 받아들여지고 있다는 지적도 있다. 그럼에도 분명한 것은 리질리언스 개념이 세계적으로 급속도로 확장되고 있다는 사실은 기존에 도시에서 예측할 수 있었던 위기와 위험보다 더 광범위하면서 파급력이 큰 위협요인의 존재에 대해 인지하고 대비해야된다는 합의가 이루어졌다는 것이다.

따라서 기존 국토, 도시계획과 사회정책에 대한 패러다임 전환과 변화를 요구하는 시대적 요구를 반영하여 실제적인 정책에도 활용할 수 있는 방안 검토와 제시가 필요하다고 할 것이다. 리질리언스 개념이 정착돼 이걸 발판 삼아 사회 문제를 해결하려면, 개개인의 인식 전환이 가장 기본이다. 리질리언스적인 생각이 결국 지속가능한 세상을 만들 수 있을 것이기 때문이다. 또 리질리언스라 개념이 글로벌로 퍼져야 지속가능한 지구촌이 가능한 만큼, 그 첫걸음인 우리 개인의 인식 전환이 필요하다. 교육이나 심리학분야의 논의에 따르면 개인에게 있어 리질리언스는 마음의 근력이라고 한다. 이제는 우리 도시와 사회가 재난, 범죄, 사고 등 여러 다양한 역경을 극복하고 한 걸음 더 발전할 수 있는 사회적 근력에 대해 고민할 시점이라고 생각한다. 이러한 사회적 근력은 곧 도시뿐 아니라 우리 사회 행복의 원동력이자 전제조건일 것이다.

3장

리질리언스와
커뮤니티 디자인

곽동화

1. 들어가는 말

최근 리질리언스(resilience)라는 용어가 우리 사회에서 빈번하게 사용되고 있다. 이 용어는 라틴어 'resilio'를 기원으로 하고 되돌아가려는 것(spring back)의 의미를 가지고 있다. 리질리언스는 회복력, 회복탄력성, 복원력, 복원성, 방재력 등으로 번역되지만, 번역된 용어는 리질리언스라는 개념의 의미를 완전하게 담거나 전달하고 있지 못하다. 리질리언스는 여러 분야에서 다양한 대상과 개념을 다루면서 진화, 발전하고 있다.[1]

---

1 리질리언스는 1970년대 심리학과 생태학 분야에서 각각 다른 현상을 설명하기 위해 사용되었다. 심리학에서는 역경에도 불구하고 행동을 바꾸지 않는 집단을 묘사하기 위해 사용되었고(Werner), 생태학에서는 역경에도 불구하고 기능을 유지하는 생태시스템을 묘사하기 위해 사용되었다(Holling). 1980년대에 들어서는 공학 분야에서 재

전 세계적으로 리질리언스가 주목받는 이유는 무엇인지 생각해 볼 필요가 있다. 되돌아가려는 회복탄력성(resilience)은 지구 생태계를 초과하는 과도한 개발과 소비에 의한 생태계 붕괴에 대한 두려움의 반영일 것이다. 자연환경 파괴와 이상기후 현상에 의한 재해의 빈번한 발생, 대규모 팬데믹 등은 위험한 신호로 받아들여야 한다. 고도화된 자본주의와 경쟁사회, 인간의 탐욕이 이 문제의 이면에 존재하고 문제를 가속화시키고 있는 상황이다. 지속가능성이라는 용어가 균형 상태의 유지라는 다소 정적인 관점에서 위의 문제를 해결하려는 노력이라면, 리질리언스는 역경, 위기상황, 심리적 불안정, 트라우마 등의 극복이라는 보다 동적인 관점의 해결 노력으로 이해할 수 있다. 지속가능성, 더 나아가 리질리언스가 이렇게 전 세계적으로 활발하게 논의되고 있는 것으로부터 문제의 심각함을 알 수 있다.

특히, 리질리언스는 2005년 미국에서 발생한 초대형 허리케인 카트리나, 2011년 동일본 대지진 등과 같은 대규모의 재난 재해가 빈번하게 발생하면서 활발하게 논의되고 있다. 방재 선진국인 일본은 동일본 대지진을 반성하면서 리질리언스 관점의 접근을 적극 추진하고 있다. 기존 하드웨어에 초점이 맞추어진 방재계획을 포함하여 소프트웨어도 또한 중요하다는 인식이 확산되고 있다. 또한 행정중심의 방재계획의 한계를 인식하고 커뮤니티가 주체가 되는 방재계획의 방법을 사회적으로 정착시키려고 노력한다. 즉, 공조(公助), 자조(自助), 공조(共助)가 잘 연

난 재해 상황으로부터 본래 상태로 되돌아가고 흡수하는 능력과 관계된 개념으로 물리적 인프라스트럭처에 초점을 맞추어 사용되었다. 이후 여러 학문분야, 많은 연구자들, OECD, UN, ISDR, UN-HABITAT, IPCC와 같은 기관들이 다양한 정의를 내리고 있다.

계되는 사회를 만들려고 노력하고 있다.

이 글은 커뮤니티가 리질리언스에 있어서 중요하다는 것에서부터 시작되었다. 커뮤니티의식이 강한 사회에서 공조(共助)가 잘 작동하고 리질리언스도 향상될 것이다. 리질리언스가 재난 재해의 특수한 위기 상황에서 잘 작동되기 위해서는 일상에서부터 커뮤니티 의식과 활동이 형성되고 행해져야 한다. 이 글은 리질리언스가 다양한 분야에서 다양하게 논의되고 있는 만큼, 방재분야의 리질리언스에 한정하여 커뮤니티와 리질리언스를 논의하지는 않는다. 커뮤니티가 발전하게 되면, 그 안에서 자연스럽게 리질리언스의 다양한 분야의 과제가 해결될 수 있다고 본다.

리질리언스가 현대사회의 시급한 과제라는 것을 일반인에게 인식시키고 실천하게 하는 것이 필요하다. 이 글은 리질리언스에 대한 실천적 방법으로서 커뮤니티 디자인의 개념을 제안하고 커뮤니티 디자인의 방법과 사례들을 소개한다. 커뮤니티의 개념과 커뮤니티 디자인은 커뮤니티 구성원이 주체가 되는 리질리언스 향상의 효과적 방법일 것이다. 개인, 가정, 근린, 도시라는 공간에서 커뮤니티는 대략 근린공간에 해당된다. 커뮤니티는 개인과 가정의 하부 공간단위와 연결되고 보다 넓은 도시라는 공간단위에 연결된다. 이점에서 커뮤니티 리질리언스는 개인과 가정의 리질리언스, 도시 리질리언스와 관계되어 효율적인 효과를 우리에게 제공할 수 있을 것으로 생각된다.

2절에서 리질리언스와 커뮤니티의 관계, 커뮤니티 디자인의 중요성을 설명한다. 또한 커뮤니티 디자인이라는 실천적 방법의 필요성을 생태학 및 심리학 분야와 관련하여 고찰한다. 3절에서는 저자가 구축한 커뮤니티 디자인의 개념을 설명하고 이해가 쉽도록 다양한 커뮤니티 디자인의 사례와 방법을 리질리언스에 초점을 맞추어 소개한다. 마지막

절에서 이러한 방법의 의의를 소개하고 이 글을 마무리한다.

2. 리질리언스와 커뮤니티

1) 커뮤니티 개념의 속성

커뮤니티라는 용어는 일상에서 빈번하게 사용되고 있다. 커뮤니티의 정의 또한 무수히 많다. 이러한 현상은 커뮤니티라는 개념이 그만큼 중요하다는 것을 나타낸다. 연구자마다 상이한 커뮤니티의 정의가 존재하지만, 커뮤니티에 대한 각각의 정의에서 공통으로 출현하는 핵심은 지역(area, 공간과 장소), 공동의 유대(common tie), 사회적 상호작용(social interaction)이라는 세 가지 구성요소이다.

커뮤니티는 일정의 지역에서 커뮤니티 구성원들에 의한 공통의 목표와 친밀감에 의해서 관리되고 유지되어야 하는 속성을 지닌다. 커뮤니티가 속한 지역(공간과 장소)의 질적 수준이 쇠퇴해 가면, 커뮤니티 구성원은 자신이 속한 커뮤니티에서 벗어나려 할 것이다. 커뮤니티의 안전 및 방재력 향상, 또는 질적으로 수준 높은 커뮤니티 가꾸기와 같은 커뮤니티의 목표는 커뮤니티 구성원의 사회적 유대감을 묶어주는 촉매가 될 것이다.

커뮤니티는 리질리언스, 지속가능성과 관계된 것으로 이해할 수 있다. 리질리언스가 취약하면 커뮤니티는 지속가능하지 못하고 붕괴될 것이다. 비록 리질리언스라는 개념과 용어가 1970년대부터 사용되기 시작했지만, 리질리언스는 커뮤니티의 개념이 본래 가지고 있는 속성으로 파악할 수 있다. 커뮤니티에서 리질리언스가 어느 정도인지 가늠할 수 있는 리질리언스 평가방법과 체계가 구축된다면, 리질리언스라는 성능 기준을 가지고 커뮤니티들 간의 성능평가도 시도해 볼 수 있을 것이다.

2) 커뮤니티 리질리언스

인간이 속한 물리적 생활공간은 개인, 가정, 커뮤니티, 도시로 확장 된다. 이것에 대응하여 개인의 리질리언스, 커뮤니티 리질리언스, 도시 리질리언스가 고려될 수 있다. 개인과 가정이 속한 커뮤니티가 인간의 삶을 위해 바람직하고 이상적인 역할을 발휘한다는 주장들이 존재하는 것처럼, 커뮤니티 리질리언스는 개인의 리질리언스에게 좋은 영향을 줄 수 있을 것이다. 커뮤니티가 물리적인 공간의 위계적 구분과 완전히 일 치하지는 않지만, 커뮤니티들이 모여서 도시를 형성한다는 점에서 커뮤 니티 리질리언스는 도시 리질리언스에도 이롭게 작용할 것이다. 여기서 간단하게 개인, 커뮤니티, 도시의 리질리언스의 정의를 살펴본다.

개인의 리질리언스는 높은 리스크, 만성적 스트레스, 트리우마의 상 태임에도 불구하고 성공적 적응과 긍정적 기능을 위한 수용력이라고 정 의한다(Egeland, 1993). 다른 연구자에 의한 유사한 내용으로서, 도전적 이거나 위협적인 상태임에도 불구하고 성공적인 적응을 위한 과정과 수 용력, 또는 성공적인 달성으로 정의한다(Masten, 1990).

커뮤니티와 지역을 위한 리질리언스 연구소(Community & Regional Resilience Institute)는 커뮤니티 리질리언스를 다음과 같이 정의하고 있 다. 즉, 커뮤니티 리질리언스는 커뮤니티가 격변에 직면하여 생존, 적 응, 진화, 성장을 통해서 리스크를 예측하는 능력, 충격을 제어하는 능 력, 빠르게 회복하는 능력이다.

　도시 리질리언스는 개인, 커뮤니티, 제도, 비즈니스, 도시시스템이 만성적인 스트레스와 급격한 충격에도 불구하고 생존, 적응, 성장하는 능력으로 정의하고 있다. 록펠러재단은 100 리질리언트 도시들(100 Resilient Cities)이라는 네트워크를 구축하면서 위와 같이 도시 리질리언스에 대해 정의한다. 과거보다 도시의 밀도가 더 높아지고 도시들이 상호 연관관계를 갖는 현실에서 이상기후, 난민문제, 팬데믹, 공급망, 사이버공격과 같은 위기 상황이 더해짐에 따라 리질리언스 관점에서의 대응이 절실하다고 주장하면서 도시의 리질리언스를 강화하기 위해 노력하고 있다. 록펠러재단은 도시리질리언스지수(Cities Resilience Index, CRI)를 개발하여 리질리언스 측면에서 도시를 진단하고 평가하여 도시의 리질리언스 향상을 위한 실재적인 해결방안을 제시하고 있다.

〈그림 3-1〉 도시리질리언스 지수와 평가 방식

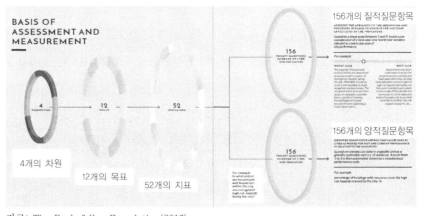

자료: The Rockefeller Foundation(2016)

　체계적이고 통합적인 도시리질리언스지수는 리질리언스에 대한 이해에 도움이 될 수 있으므로 간단하게 소개한다. 이 지수는 4개의 차원,

각 차원의 하부에 3개씩 속한 12개의 목표, 12개의 하부에 속한 52개의 지표, 156개의 질문항목으로 구성된다. 4개의 차원과 12개의 목표는 리더십과 전략(효율적인 리더십과 관리, 강화된 스텍홀더, 통합된 개발계획), 건강과 웰빙(최소화한 인간취약성, 다양한 생계수단과 고용, 인간의 건강과 삶에 대한 효율적인 안전장치), 경제와 사회(지속가능한 경제, 포괄적인 안전과 법, 아이덴티티와 커뮤니티지원), 인프라스크럭쳐와 에코시스템(경감된 유해환경 노출과 취약, 기본적 서비스의 효과적인 공급, 이동성과 커뮤니케이션)이다.

12개 목표의 하부에 속한 52개의 지표는 예를 들면 다음과 같은 것이 있다. 인프라스트럭쳐와 에코시스템이라는 차원의 하부에 속하는 이동성과 커뮤니케이션이라는 목표는 ①다양하고 어포더블한 교통네트워크, ②효과적 교통운전과 관리, ③신뢰적인 커뮤니케이션 기술, ④보안 기술 네트워크의 지표를 포함한다. 리더십과 전략이라는 차원의 하부에 속하는 통합된 개발계획이라는 목표는 ①포괄적인 도시모니터링, ②투명하고 협력적인 계획과정, ③적절한 토지이용과 조닝, ④견고한 계획 승인 과정의 지표를 포함한다. 이와 같이 록펠러재단이 만든 도시리질리언스지수는 도시의 리질리언스 성능을 평가하고 평가의 결과를 활용하여 해당 도시의 리질리언스를 향상시키기 위한 도시계획적이고 도시행정적인 해결방안을 제시하기 위해 사용된다. 현대도시의 규모와 복잡성을 고려하면, 이러한 방식의 성능평가는 타당해 보인다.

위의 도시리질리언스의 접근방법이 도시행정가가 중심이 된 톱다운 계획방식이라면, 커뮤니티 리질리언스는 커뮤니티가 중심이 된 보다 행동적인 방식을 취한다. 예를 들면, NIST(National Institute of Standards and Technology)는 커뮤니티 리질리언스 가이드를 만들고 커뮤니티 리질리언스 계획의 방법을 소개한다. 이 계획은 액션플랜의 형식을 갖추고 커뮤니티 구성원이 중심이 되어 상황에 따라 전략적으로 발전해 나아가는 것을 추구한다. 주요한 내용으로서 6단계의 과정이 지침이 된다. 즉, ①공동작업의 계획 팀 구성, ②상황의 이해, ③목표와 대상의 결정, ④계획의 작성, ⑤계획의 리뷰와 완성, ⑥계획의 실행과 관리의 순서이다.

3) 개인의 행복, 사회적 관계 그리고 리질리언스

재난 재해가 빈번한 일본에서 TV 다큐멘터리 프로그램을 본 적이 있다. 그 내용은 한 노인이 거의 1주일에 한번은 자신이 거주했던 마을에 방문해서 과거의 이웃들을 만나서 이야기하고 평온한 시간을 보내는 과정을 담고 있다. 이 마을에 큰 재해가 발생하여 노인의 주택은 파괴되었고 노인은 정부가 다른 지역에 마련해 준 주택에 살고 있다는 것이다. 우리는 본능적으로 장소와 이웃으로 형성된 커뮤니티에 속하고 싶은 마음을 갖고 있다. 이론적으로 이러한 인간의 심리를 정리하고 이론을 전개한 연구자가 있다. 매슬로(Abraham Harold Maslow)라는 심리학자는 인간의 행복을 연구한 사람이다. 그는 생리적 요구, 안전의 요구, 소속의 요구, 존엄의 요구, 자기실현의 요구, 지적요구, 미적요구가 위계적으로 충족되어야 인간이 행복에 도달할 수 있다는 이론을 전개했다. 위 일본의 사례처럼, 개인은 커뮤니티 안에서 소속의 요구를 충족시킬 수 있고 안전 안심의 요구에도 도달할 수 있다. 이와 같은 사례와 이론을 통해, 개인의 심리적 리질리언스는 커뮤니티 안에서 자연스럽게 형성될 수 있음을 설명할 수 있을 것이다.

아렌트(Hannah Arendt)는 「인간의 조건」에서 인간의 활동을 노동, 작업, 행위의 세 가지로 분류했다. 그 중에서 행위는 커뮤니티 안에서 자신의 공동체를 위하여 비전과 목표를 가지고 행하는 행동이 될 수 있다. 작업은 커뮤니티 안에서 자신의 능력과 재능을 발휘하여 커뮤니티를 위한 공간 및 시설을 새롭게 만들거나 보수하는 활동에 해당될 수 있다. 이러한 활동들은 활동에 참여한 개인에게 위의 매슬로가 제시한 자기실현의 요구를 충족시키고 행복과 보람을 가져다주는 효과로도 연결될 수 있다.

가타리(Pierre-Félix Guattari)는 자연환경을 중심으로 한 환경문제에 국한하여 전개되는 종래의 생태운동이 한계가 있다고 보고 생태철학을 전개했다. 그는 환경생태학, 사회생태학, 정신생태학이 삼위일체가 되는 세 가지 생태학을 제안했다. 그는 환경생태학에서 환경에는 '자연(오염)'을, 사회생태학에서 사회에는 '사회관계'를, 정신생태학에서 정신에는 '인간의 주체성'을 각각 대응시킨다. 이러한 생태철학을 통해 가타리는 사회구조를 바람직한 방향으로 개혁하는 실천적 방법을 모색한 것으로 보인다. 사회구조의 개혁이라는 무거운 주제는 논외로 하고, 커뮤니티의 사회관계는 그가 중요시하는 사회생태학에 관계될 수 있고, 커뮤니티에서 행하는 커뮤니티 구성원의 주체적 참여와 활동은 정신생태학에서의 인간의 주체성에 해당될 수 있을 것이다.

위에서 설명한 매슬로의 이론은 개인과 커뮤니티의 관계의 중요성을 인간의 본성에 초점을 맞추어 이해할 수 있는 기초를 제공한다. 아렌트와 가타리의 이론은 커뮤니티에서 개인의 주체적 활동이 사회적으로 어떠한 의미를 갖는 지를 이해하는 데 도움이 된다. 리질리언스의 과제, 특히 개인의 리질리언스, 사회적 리질리언스의 과제는 커뮤니티라는 주제의 탐구와 실천을 통해 시작될 수 있다.

3. 커뮤니티 디자인

리질리언스는 커뮤니티에 내재하는 다이내믹한 속성이라는 점을 파악하고 커뮤니티 디자인의 개념도식을 구축하면 아래 그림과 같이 표현된다. 공동의 유대는 커뮤니티의 비전과 목표를 통해 유지되고 강화될 수 있을 것이다. 커뮤니티의 비전과 목표로서, 리질리언스(경제적, 사회적, 환경적, 생태학적, 정신적)를 설정할 수 있다. 사회적 상호작용은 커뮤니티 구성원의 적극적 참여를 유도하는 참여디자인의 방법을 통해 활성화시킨다. 지역은 커뮤니티가 가진 물리적 환경의 유, 무형의 가치를 발굴하고 향상시키는 디자인의 대상이 되는 공간과 장소이다. 우리 주변의 생활환경에는 다양한 유형의 공간 및 공간단위가 존재한다. 이 글에서는 공간과 장소의 성질에 관계된 것으로서 공유공간, 그린인프라스

〈그림 3-2〉 커뮤니티 디자인의 개념도

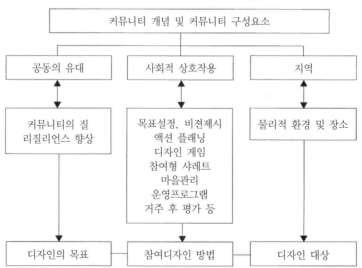

자료: 곽동화(2011)에서 수정

트럭처에 초점을 맞추어 설명한다.

1) 참여디자인 방법

위의 커뮤니티 디자인의 개념도에서 보는 것과 같이 참여디자인을 통해 사회적 상호작용이 활성화되고 공동의 유대를 강화시킬 수 있다. 참여디자인은 다양한 디자인 방법이 사용되고 있는 데, 상황과 목적에 맞게 잘 적용함으로서 효과적인 결과를 얻을 수 있다. 몇 가지 구체적인 사례를 설명한다.

(1) 비전과 목표 설정

최근 한국에서는 도시 산업구조의 변화, 신도시개발로 인한 유출인구 급증, 재건축 및 재개발 지연 등에 의해 과거에 활발했던 지역이 쇠퇴하고 슬럼화되는 상황이 전국적으로 다수 발생하고 있다. 인천의 원도심 지역 중의 하나인 동구의 송림동은 과거 쾌적한 커뮤니티를 유지하고 있었으나 쇠퇴해 가는 지역으로 도시재생이 필요한 지역이다. 저자는 2014년에 도시재생대학에서 주민들과 함께 고민하고 도시재생마스터플랜을 작성했다. 송림6동의 현대시장, 활터고개(과거 활터가 있었고 지형이 활 모양의 형상임)를 포함하는 일명 활터마을인 지역으로서 이곳의 유, 무형의 자산을 발굴하고 그것에 기초하여 도시재생 마스터 플랜을 완성했다. 빈집상황, 위험지도의 작성, 주민인터뷰 등을 통해 현황을 파악한 후, 디자인 발상 기법 중의 하나인 개념적 시나리오를 주민들에게 작성하게 하고, 그것의 결과물들을 통해 이 마을의 매력적인 요소들을 발굴했다. 활터마을의 비전과 목표, 활터고개의 경관적인 아름다움, 현대시

〈그림 3-3〉 인천 송림6동 활터마을

주: 전국 도시재생대학 우수사례 발표회, 국토교통부장관상 수상작

장의 활성화방안, 스토리가 있는 안전한 가로공간 창조, 공공공간의 활성화 등이 포함된 도시재생 마스터 플랜이 완성되었다. 디자인과정에 참여한 주민들은 자신들의 커뮤니티의 가치에 대해 다시 생각해 보는 계기가 되었고 활터마을에 대한 애착이 보다 높아진 것을 체감했다.

한국에서 도시재생활성화구역으로 선정되어 정부의 지원을 받을 수 있게 된 곳은 법정계획으로서 도시재생활성화계획을 의무적으로 작성한다. 지금 소개한 활터마을의 도시재생 마스터 플랜은 도시재생활성화계획으로 발전될 수 있는 충분한 가치를 담고 있다. 최근 한국은 커뮤니티 구성원이 중심이 된 계획의 중요성을 인식하고 계획과정에 주민참여를 추진하는 방식을 직·간접으로 추진하고 있다. 실재로 도시재생활성화구역의 선정 시에 주민참여의 정도를 평가에 반영하고 있다.

(2) 액션 플래닝과 역할게임

커뮤니티의 비전과 목표가 완성된 후에는 그것의 실행을 위한 다양한 계획이 필요하다. 계획방안의 작성과정에 커뮤니티 구성원이 참여된다면, 보다 구체적이고 실재적인 계획이 마련될 것이다.

일본은 동일본 대지진 이후에 기존의 물리적 하드웨어 중심, 행정가 중심의 도시방재대책도 중요하지만, 커뮤니티가 주체가 되는 방재계획이 절실하다는 것을 깨닫고 커뮤니티가 주체가 되는 리질리언스 강화 방법을 강구하고 커뮤니티에 보급하기 위해 노력하고 있다. 일본의 커뮤니티 방재계획의 최신 사례를 소개하는 데, 이것은 액션 플래닝과 역할게임의 방식을 활용하고 있다.

일본 국립방재과학기술연구소는 전국단위의 리스크 라디오 드라마 만들기 콘테스트를 2010년부터 2015년까지 개최했다. 리스크 드라마는

〈그림 3-4〉 피난행동 및 피난소 운영을 주제로 한 리스크 드라마 만들기의 예

리스크 라디오 드라마 만들기의 핵심단계
(리스크시나리오 작성, 리스크맵 작성, 훈련의 단계를 거쳐 리스크 드라마 완성)

조별 액션플랜의 작성

자료: NIED(일본 국립방재과학기술연구소)

재난 재해의 상황을 상정하여 커뮤니티 구성원 각각이 담당해야 할 역할을 숙지시키고 실재 재난 재해 시에 주체적 역할을 수행할 수 있는 능력을 강화시켜주는 특징이 있다. 위험요소, 장소 등에 관한 정보를 수동적으로 제공하는 해저드 맵과 비교하면, 리스크 드라마는 주민이 주체가 되는 이상적이고 지속가능한 방법으로 알려져 있다. 리스크 드라마 작성의 절차는 다음과 같다. 즉, ①지자체가 작성한 해저드 맵을 가지고 필드조사 및 관찰을 행하고 파악된 정보를 기록함, ②방재자원, 위험개소, 피난경로, 재해 시의 대응방안, ③방재활동이 포함된 리스크 맵 작성, ④위의 단계에 의해 수집된 자료와 정보를 바탕으로 드라마의 주제를 정함과 같은 순서이다.

일본은 지자체가 작성하는 지역방재계획제도를 갖고 있다. 그런데 2016년 재해대책기본법을 개정하여 지구방재계획(地區防災計劃)제도를 마련하였다. 지구방재계획은 주민이 거주하는 지구의 재해리스크를 파악하고 그 대처법을 검토한 후, 그것을 실천하는 방책을 스스로 작성하는 지구특성 대응형 계획의 목적을 갖는다. 법정계획인 지자체 작성의 지역방재계획 안에 주민 주도로 작성한 지구방재계획을 담을 수 있도록 한 것으로, 아직 한국에서는 시도되지 못한 선진적인 방식이다. 위에서 설명한 액션 플래닝의 방법과 리스크 드라마 만들기의 기법 등이 지구 방재계획의 작성 시에 주요하게 활용되고 있다.

(3) 디자인 샤레트

샤레트(charrette)는 건축설계 마감단계에서 최종적으로 행하는 집중적 검토 또는 각 분야의 전문가의 도움으로 문제를 논하는 집단 토론회를 의미한다. 샤레트는 참가자들에게 정해진 마감시간 안에 설계안을

〈그림 3-5〉 디자인 샤레트 과정과 계획안

제출하게 하고 그 설계안들을 가지고 집중 토론을 행하게 함으로써 문제의 파악, 목표의 공유, 합의된 설계안 도출의 과정으로 이루어진다.

저자는 주민을 대상으로 한 도시재생대학에서 디자인 샤레트 기법을 적용하여 근린공원을 개선하는 교육프로그램을 진행했다. 인천시 부평구에 위치한 부평문화공원은 과거 미군부대로 사용되었는데, 부대 이전후에 공원으로 전환되었다. 이 공원은 오픈스페이스가 부족한 인천 원도심의 주택밀집지역에서 주민들에게 애용되는 공간으로서 이용률이 높은 편에 속한다. 이 공원을 개선함으로서 주변 지역의 거주환경의 질을 보다 높이려는 목적으로 주민들과 함께 공원계획안을 작성했다(2010년). 그림에서 보는 것과 같이 주민들에 의한 공원개선계획안이 완성되었다. 지역의 문제와 현안 등은 커뮤니티 구성원이 생활하면서 누구보다도 잘 알고 있다. 각각의 참여자들에게 공원계획의 마스터플랜을 자유롭게 그리게 하였고 각각의 계획안을 가지고 토론하는 과정을 거쳤다. 토론의 결과, 공원주변의 문제점, 개선이 필요한 공간, 매력적이고 가치 있는 요소들이 효과적으로 파악되었고 이러한 사항들을 종합하여 참여자들 모두가 공감할 수 있는 공원계획안이 마련되었다.

2) 그린인프라스트럭처

커뮤니티는 그것이 속한 지역(공간과 장소)을 필요로 한다. 그린인플라스트럭처는 커뮤니티 디자인에서 커뮤니티 공간의 성격에 관한 것이고 커뮤니티의 리질리언스 향상에 있어서 중요하다. 도시계획가인 비틀리(Timothy Beatley)는 도시자연이 개인, 리질리언스 도시에 어떠한 방식으로 선순환구조를 형성하는 가를 알기 쉽게 그림으로 정리했다. 즉, 나무, 공원, 녹색지붕, 커뮤니티 가든 등의 도시자연이 인간에게 스트레스를 감소시키고 개인, 가족, 커뮤니티에게 회복탄력적 행동을 촉진함으로서 정신건강, 장수, 삶의 질 향상과 같은 건강상의 긍정적 성과(심리적 리질리언스)를 이끌어낸다. 또한 도시자연에서 걷기와 신체활동에서 사

회적 접촉이 증가하고 사회적 관계가 강화되는 성과를 이끌어 낸다. 물
론 도시자연은 이상기후에 의한 도시취약성 감소, 생태시스템 유지라는
리질리언스의 향상에도 작용한다. 회색의 도시기반시설에 그린이 입혀
지면 리질리언스를 포함한 다양한 효과가 우리에게 돌아올 것이다. 그
린인프라스트럭처의 몇 가지 사례를 소개한다.

〈그림 3-6〉 바이오필릭 도시와 리질리언스의 선순환 구조

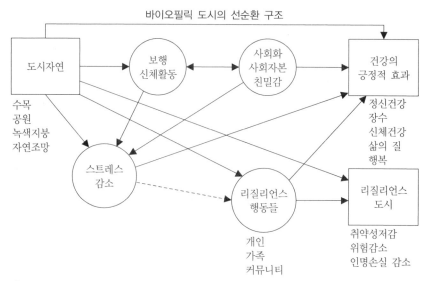

자료: Beathley(2016)

(1) 공원 녹지

공원은 이용자의 이용범위를 상정하고 소공원, 근린공원, 중앙공원
등으로 위계적으로 구성된다. 커뮤니티 단위는 소공원 및 근린공원이
해당된다. 위에서 설명한 것과 같이 공원은 존재하는 것만으로도 심리
적, 생태학적, 사회적 리질리언스의 향상에 도움이 된다. 자연을 향유하

〈그림 3-7〉 방재복합화 공원(동경 니시가하라)

는 기능에 더하여 재난 재해에 대비하여 방재력을 향상시키는 기능을
복합시키는 공원이 주목받고 있다.

　동경도 북구의 니시가하라 방재공원은 좋은 참고사례가 된다. 니시가
하라는 전통적 목조밀집주택지역으로 화재에 매우 취약한 곳이다. 마침

이곳에 위치한 동경외국어대학이 이전하여 대규모의 공원 용지로 확보되었고 방재복합공원으로 건설되었다. 이 방재공원은 평상시에 휴식과 레저를 위한 공원으로 사용되고 재해 시에는 긴급대피장소로서 활용된다. 이 방재공원은 몇가지 주요한 기능을 갖고 있다. 주변 목조밀집주택지역으로부터 화재 시에 대비하여 공원으로 긴급대피가 용이한 피난동선계획, 주변주택들의 화재 시를 대비하여 소화용 물 저장탱크(공원지하)를 설치, 재해 시에 사용가능한 생활용수 저장탱크(공원지하) 설치, 구호물품저장창고, 파골라, 벤치, 놀이기구 등이 재난 시에 물품저장소로 전용됨, 화덕, 텐트 등으로 전환 가능, 재해 시에 사용가능한 변기 등의 복합기능이다.

(2) 그린스트리트

현대의 도시들은 아스팔트도로, 건물, 기타 하드스케이프 형태의 불투수성 포장면이 상당히 많다. 도시가 대규모로 개발되기 전의 그린필드는 빗물을 일시적으로 저장하는 스폰지 기능을 가졌고 동식물 서식을 위한 비오톱을 유지하고 있었다. 도시가 대규모로 개발됨에 따라서 불투수성 포장면이 증가하고 비오톱은 사라지고 집중호우에 취약해졌다. 신도시개발 및 대규모 주택지 건설 시에는 집중호우에 대비하기 위하여 대규모의 유수지를 설치하는 것이 전통적이고 일반적인 방식이었다. 최근 전통적인 방식에서 벗어나서 보다 친환경적이고 건강한 수생태계를 유지하기 위한 방법인 SUDS(Sustainable Urban Drainage Systems, 지속가능한 도시배수체계)가 주목되고 있다. 이 기법은 식물의 정화능력, 투수성 포장, 비오톱, 그린필트, 분산형 물관리 시스템을 활용한다. 이 기법은 도시의 비점오염원관리, 집중호우 시의 피해 저감, 도시열섬현상 저감,

그린이 풍부한 아름다운 도시라는 효과를 준다.

〈그림 3-8〉 영국 업튼 주택지(SUDS 적용)

친환경 실험주택 단지인 영국의 업튼 주택지(Upton, Northampton)는 철저한 빗물관리시스템을 적용했다. 빗물홈통, 투수성포장, 빗물의 흐름을 유도하기 위한 경사면의 세심한 시공 등이 적용되었다. 건물지붕과 포장면에서부터 시작된 빗물은 중간 중간에 설치된 침강저류지, 침전저류지, 다단계 셀 생태습지를 거쳐서 정화되어 강으로 흘러들어 간다.

한국에서도 SUDS기법이 적용된 사례를 찾아볼 수 있다. 서울 신정연 의근린공원은 대규모 주택지를 건설하면서 유수지를 조성하였고, 그 유수지에 생태공원의 기능과 SUDS기법을 적용했다. 이렇게 조성된 습지 공원에서 유아, 초등학생을 대상으로 한 생태교육 프로그램이 활발하게 운영되고 있다.

미국의 포틀랜드시는 적극적으로 도시에 그린스트리트를 조성하고 있다. 수질향상, 지역의 식물이 포함된 아름다운 도시환경 실현이라는 긍정적인 효과를 얻고 있다. 포틀랜드시는 1,400개 이상이 그린스트리트를 설치했다. 이것에 의해 배수관 등의 인프라스트럭처가 유지, 관리되는 비용이 절감되었고 시민들은 자연의 효용을 다시 깨닫게 되었다.

3) 공유공간

현대사회의 도시공간은 두 가지 성격으로 양분되고 고착화되어 우리들은 당연한 것으로 받아들이고 살아가고 있다. 도로, 공원, 광장, 하천, 항만과 같은 공공(公共)공간과 주택, 오피스, 상점 공장과 같은 사적(私的)공간이다. 보통 공공공간은 누구에게도 소유되지 않고 관리되지 않는 무관심의 공간이 되기 쉽다. 반면 사적공간은 일반적으로 그 공간을 소유한 개인의 프라이버시를 강조하는 닫힌 공간으로 인식된다. 한국의 도시생활에서 자신이 거주하는 주택의 문 밖을 나서면 무관심과 외면의 공간으로 인식되는 상황은 공공공간과 사적공간으로 극단적으로 이분된 지각의 구조가 우리들의 머릿속에 존재하기 때문이다. 각각의 다른 성격을 지닌 이 두 개의 공간이 보다 더 커뮤니티를 위한 열린 공간으로 활성화되면 커뮤니티의 유대감과 사회적 관계는 보다 높아 질 것이다.

한국사회에서 공유공간의 활성화가 필요하다.

얀 겔(Jan Gehl)이라는 덴마크의 건축가는 외부공간에서의 활동에 관한 연구를 행하고 어떤 외부공간이 등교, 출근, 걷기와 같은 필수적 활동만이 일어난다면 그 공간은 소외된 공간, 안전하지 못한 공간으로 되는 경향이 있는 것을 경험적 조사를 통해 알아냈다. 길거리 서성이기, 거리 바라보기, 휴식, 산책과 같은 선택적 활동 또는 놀이, 인사, 대화, 집단 활동과 같은 사회적 활동이 더 많이 이루어지는 공간이 중요하다고 주장한다.

영역성의 측면에서 공간의 성격을 공적 공간(public space), 반공적 공간(semi-public space), 반사적 공간(semi-private space), 사적 공간(private space)으로 나눌 수 있는데, 위의 선택적 활동과 사회적 활동은 반공적 공간화 또는 반사적 공간화 된 공간에서 활발하게 발생한다. 이 이론은 커뮤니티 공간의 설계에 자주 적용된다.

우리가 우리 주변에서 관심을 가질 필요가 있는 곳은 버려진 공간, 저이용 공간이고 이 공간들은 위의 설계방법의 적용에 의해 선택적 활동과 사회적 활동이 활발하게 일어나는 커뮤니티의 공유공간(共有空間)이 될 수 있다. 최근 이러한 방법이 세계의 많은 도시에서 적용되고 있다.

저자는 아파트단지에 건설된 단지와 단지사이의 보행자전용도로를 대상으로 지역의 커뮤니티를 위한 공유공간을 활성화하는 조사 연구를 2021년 진행하였다. 한국의 대부분의 아파트 단지에서 볼 수 있는 보행자전용도로는 대체적으로 필수적 활동이 주를 이룬다. 이 보행자전용도로가 보다 효과적으로 개선되고 활성화되면 사회적 활동과 임의적 활동이 촉발되고 커뮤니티를 위한 공유공간이 되어 매력적인 장소가 될 수 있을 것으로 보았다. 케이스스터디의 대상지는 인천 남동구 논현고잔동

〈그림 3-9〉 활동현황분석과 커뮤니티 공유공간을 위한 제안

자료: 김진희 외(2021)

에 소재한 아파트단지이다. 먼저 이용자 활동현황분석을 통해 현 공간의 성격과 문제점을 파악한 후, 필요한 거점공간과 시설을 미이용공간에 연도형으로 배치하고 단절된 2개의 단지를 시선과 동선으로 보행자전용도로에 침투시키고 다시 단지로 확장시키는 계획방법을 제안했다. 이것은 현재의 보행자전용도로가 필수적 활동이 발생하는 공적 공간에서 사회적 활동과 임의적 활동이 함께 발생하는 반공적 공간 및 반사적 공간으로 성숙시키려는 시도이다. 한국의 아파트단지들은 커뮤니티의 부재와 이웃 간의 단절이 일반적인 가운데, 이 계획은 보행자전용도로의 기능 확장을 통해 커뮤니티를 활성화시키는 것을 목표로 했다.

위의 사례가 공적 공간을 커뮤니티의 공유공간으로 개선시키려는 시도인 반면, 사적 공간을 커뮤니티를 위한 공유공간으로 개선시켜 지역커뮤니티의 이미지를 매력적으로 창조한 사례도 있다. 일본 오부세시는

정원가꾸기 프로그램을 통해 도시의 이미지 향상과 관광 수입을 높이는 효과를 얻었다. 정원가꾸기 프로그램에는 개인주택, 행정기관, 상점, 오피스 등의 모든 건물의 소유자 및 관리자가 참여할 수 있다. 예를 들면 단독주택 소유자가 정원을 아름답게 가꾸고 정원을 방문객이 감상할 수 있도록 사적공간을 개방하는 것이다. 정원가꾸기에 참여하는 건물과 공간이 100여개에 이르고 정원들은 관람을 위해 네트워크화되어 있다. 각각의 정원들의 주제는 개성적이고 식물의 식생과 종류가 다양하여 4계절을 통해 다양한 정원 감상이 가능하다. 일본 전국에서 많은 사람들이 오브세를 방문하고 있다.

4) 커뮤니티 매니지먼트

위의 커뮤니티 디자인에 관한 주제들은 커뮤니티 공간을 만드는 것에 초점을 맞추어 커뮤니티 의식을 강화하는 방법에 관련된 것이다. 반면 커뮤니티 매니지먼트는 커뮤니티 주체에 의한 커뮤니티 공간의 관리와 운영에 관한 것이다. 완성 당시의 질 좋은 최신 공간과 시설도 관리와 운영이 잘 이루어지지 못하면 시간의 경과에 따라서 열악한 공간으로 변모할 것이고, 쾌적한 커뮤니티 공간도 유지와 관리가 잘 이루어지지 않으면 쇠퇴지역이 될 것이다. 커뮤니티의 질은 커뮤니티의 지속적인 유지와 관리에 의해서 가능하고 그것이 바람직하다. 행정이 주체가 된 유지와 관리는 장기간 지속되기 어렵다. 특히 발전지향적인 사회에서 성숙사회에 접어든 한국은 커뮤니티 매니지먼트가 매우 필요한 사회가 되고 있다. 최근 한국의 정부기관과 지자체도 커뮤니티 주체의 관리와 운영의 중요성을 인식하고 그것을 한국사회에 정착시키려고 노력하고 있다.

커뮤니티 매니지먼트는 다음과 같은 특징을 갖는다. 즉, 커뮤니티의 특정 공간 범위를 대상으로 함, 만드는 것뿐만이 아니라 키우는 것, 행정주도가 아니고 커뮤니티의 다양한 이해당사자가 주체가 됨, 커뮤니티에 속한 다양한 이해당사자들의 협의로 진행함과 같은 것이다.

최근 한국은 커뮤니티 매니지먼트의 방식을 전국적으로 추진하고 있다. 저자가 도시재생센터의 총괄코디네이터로 활동하고 있는 도시재생 뉴딜사업 선정지의 사례를 가지고 커뮤니티 매니지먼트에 관한 동향을 설명한다.

〈그림 3-10〉 커뮤니티 주체의 관리와 운영

인천 계양구 효성동에 위치한 효성마을은 2019년 도시재생활성화구역(주거지지원형)으로 지정되어 4년간 정부와 지자체의 지원금을 받고 도시재생을 진행해 오고 있다. 사업명은 '서쪽 하늘아래 반짝이는 효성마을'로서, 사업의 시작과 함께 마련된 도시재생활성화 계획의 구체적 내용은 다음과 같다. 첫 번째는 「공동체 회복 및 사회 통합공간 조성」 계획

이다. 이 계획은 도시재생 어울림복지센터, 경로당, 지역공동체 활성화 사업을 담고 있다. 두 번째는 「주거복지 실현」 계획이다. 이 계획은 집 수리지원, 그린파킹 사업을 담고 있다. 세 번째는 「생활인프라 개선」 계획이다. 이 계획은 중심 및 생활가로환경 정비, 공영주차장 조성, 마을 숲 조성, 생활인프라 개선의 사업을 담고 있다. 네 번째는 「일자리 창출」 계획이다. 이 계획은 공동 이용시설을 활용한 지역사회연계 일자리 창출 사업을 담고 있다. 사업의 마지막 해인 2022년 지금, 효성마을은 위에 열거한 세부적인 사업들이 거의 완성 및 완공되어 사업 초기와 비교하여 쾌적하고 여유로운 마을의 모습을 갖게 되었다.

도시재생뉴딜사업은 의무적으로 주민협의체를 구성하고 모든 사업의 실행은 협의에 의해 진행된다. 전국의 모든 도시재생뉴딜사업 선정지는 주민협의체를 운영한다. 마찬가지로 효성마을도 주민협의체가 구성되었고 주민협의체는 초기 도시재생활성화계획의 수립과정에 참여하였고 위에 열거한 사업들의 실제 진행과정에도 주도적인 역할을 담당했다. 도시재생뉴딜사업의 진행 단계에는 해당 사업을 지원하는 도시재생지원센터(해당 지자체가 관리함)가 조직되고 주민협의체를 지원한다. 도시재생지원센터는 사업의 종료와 동시에 역할을 마감하고, CRC(Community Regeneration Corporation)가 도시재생센터와 주민협의체가 행했던 역할을 담당하게 된다. 국토교통부는 전국의 모든 도시재생사업지에서 CRC와 같은 조직이 구성되어 커뮤니티가 주체가 되는 마을 만들기가 지속가능하게 행해지는 것을 목표로 하고 있다.

도시재생 사업의 종료를 앞 둔 2022년, 효성마을은 '별난 효성 마을 관리 사회적 협동조합'을 설립했다. 효성마을 협동조합은 공동이용시설 운영관리, 주택관리 및 집수리, 물품공유센터, 농산물 및 가공품 판매,

피트니스 플랫폼 운영관리 등을 주요 사업으로 한다. 도시재생 사업이 종료되는 2023년부터 효성마을은 마을관리 협동조합이 주체가 되어 마을이 관리되고 운영되는 진정한 의미의 커뮤니티 매니지먼트를 시작한다. 한국은 도시재생뉴딜사업에 의해 전국적으로 수많은 도시재생을 진행했다. 효성마을의 사례처럼, 한국사회에서 커뮤니티 매니지먼트가 막 시작되고 있다.

4. 맺음말

이 글은 리질리언스와 커뮤니티 디자인의 관계 맺음을 통해 리질리언스를 향상시키는 실천적인 사고와 방법을 제안한 것이다. 리질리언스와 커뮤니티의 개념은 다르다. 그렇지만 이 글의 본문에서 설명한 것처럼, 커뮤니티라는 개념을 천천히 들여다보면 리질리언스는 커뮤니티 개념에 내재된 속성으로서 이해할 수 있다. 커뮤니티 구성원이 커뮤니티에서 행하는 활동은 각자에게 심리적으로 좋은 작용이 될 수 있다. 커뮤니티 안에서의 이러한 활동은 그 구성원에게 소속감과 지적 욕구를 충족시킬 것이다. 이러한 심리적인 과정은 참여한 커뮤니티 구성원의 심리적 리질리언스에 연결될 가능성이 높아진다. 또한 이렇게 커뮤니티에 의해 강화된 개인의 리질리언스는 건강하고 리질리언스에 강한 사회를 형성하는 데 도움이 된다.

현대도시 커뮤니티에서 공동의 유대를 기대하기는 어렵다. 그렇지만 인간의 기본적인 요구로서 안전과 안심, 방재라는 목표는 현대도시 커뮤니티에서 함께 기본적으로 추구할 수 있는 공동목표가 되는데 무리가 없다. 이 글의 본문에서 소개한 도시재생, 방재에 강한 마을 만들기와 같은 비전과 목표는 공동의 유대를 강화시키는 촉매로서 작용할 것이다.

현대도시 커뮤니티에서 사회적 관계는 위의 비전과 목표를 실현시키는 과정에 주체적으로 참여하는 과정 속에서 자연스럽게 맺어질 수 있다. 이 글의 본문에서 기획, 계획, 설계, 시공, 관리라는 디자인 단계별 다양한 사례들이 소개되었다.

커뮤니티는 지역(공간 및 장소)을 필요로 한다. 이러한 물리적 환경의 필요함은 근린주구이론에서 잘 설명되고 위계적으로 공간을 구성하는 수법으로서 전 세계의 도시건설에 적용되고 있다. 또한 마을센터, 경로당, 유치원, 학교, 도서관, 공원 등과 같은 커뮤니티 시설은 모든 도시에서 세심하게 건설되고 있다. 이 글에서 지역(공간 및 장소)에 대한 과제는 물리적 환경 및 시설의 유형을 설명하기 보다는 공간과 시설의 성격(공유공간과 그린인프라스트럭처)에 초점을 두고 사례들이 소개되었다.

위와 같이 리질리언스와 커뮤니티의 실천적 방법으로서 커뮤니티 디자인을 제안했다. 그렇지만, 현대 도시에서 커뮤니티 의식을 높이고 더 나아가 커뮤니티에서 주체적 참여를 유도하는 것은 쉽지 않다. 예를 들면, 최근 전국에서 진행되는 도시재생사업들은 주민교육 프로그램을 통해 커뮤니티의 중요성, 커뮤니티의 선진적 성과사례 등을 설명하고 이해시키지만, 형식적인 참여, 고령층 중심의 구성, 커뮤니티 중요성의 형식적인 이해에 머무르는 경우가 많다. 커뮤니티가 보다 활기차고 커뮤니티를 위한 새로운 비전이 제시되기 위해서 젊은 연령층의 참여도 필요하고, 커뮤니티의 중요성을 머리 보다는 마음으로 이해하는 것도 필요하다. 또한 커뮤니티 구성원이 여유를 갖고 커뮤니티 활동에 참여할 수 있는 시간이 필요하다. 이것은 일, 노동 및 업무시간과 같은 사회적 여건과 관계되는 문제이기도 하다.

이 글은 커뮤니티 디자인을 통해서 커뮤니티와 리질리언스의 과제를 해결할 수 있는 실천적인 방법을 제안한 것에 의미가 있을 것이다. 커뮤니티가 잘 작동되는 사회가 지속가능하고 리질리언스에도 강한 사회가 될 것이다. 지금 한국사회에서 절실한 과제라고 생각된다.

4장

재난 리질리언스의 측정모델을 이용한 지방자치단체 재난 리질리언스 측정

백정미

1. 들어가며

최근 몇 년 동안 전 세계적으로 테러, 자연재해, 네트워크에 대한 공격 및 위협이 증가한 가운데, 우리는 국가간 무력충돌, 인플레이션과 경제성장 둔화, 정보화 사회 발전에 따른 초연결사회의 위험, 고령화 등 인구구조 변화 및 기후변화로 인해 정치, 경제, 사회, 자연 모든 분야에서 위험이 상존하는 위험사회에 살고 있다. 위험사회는 '위험한 사회'가 아니라 위험이 사회중심 현상이 되는 사회(울리히 벡, 2014)로, 사회의 내재적 취약성과 각종 위험한 사건들의 발생이 복합적으로 작용하여 위기가 증폭되어 각종 재난으로 이어지고 있다.

최근 재난은 대형화, 복잡화, 예측불가능성, 불확실성의 특성을 보인다. 기후변화에 따른 이상기후로 전 세계적으로 다양한 형태와 자연재난이 발생하는데, 그 규모와 빈도에 대한 예측이 어려워지고 있다. 또한 COVID-19, 강원도 산불처럼 대형화·복잡화되고, 기존에 경험했던 통상적인 예측의 범위를 벗어날뿐만 아니라, 초연결사회, 자율주행, 인공지능 등 사회변화와 도시노후화 진행, 도시공간구조의 변화 등 도시구조의 변화에 따라 새로운 유형의 재난 발생가능성이 커지고, 규모와 발생시기 등의 불확실성이 확대되고 예측이 어려워지고 있다. 이에 재난이 언제, 어느 곳에서 어떻게 발생하고 얼마나 지속적으로 피해를 줄지 예측할 수 없어 재난의 발생을 원천적으로 예방하는데 한계가 있고, 사후 대응도 쉽지 않다. 이는 발생할 가능성이 높은 재난에 대한 선제적인 예방관리를 통해 피해를 최소화하는 기존의 재난관리 정책의 한계를 의미하기도 한다(최연우 외, 2021)

이러한 불확실성과 예측불가능성의 증가로 재난은 더 이상 통제 대상이 아니라 삶의 일부로서 예방보다 효율적인 대응과 신속한 회복이 더 중요해지고 있다. 이는 재난관련 전략이 재난으로부터 취약한 부분을 찾아내 피해를 입지 않도록 방지하거나 최대한 피해를 줄이고자 하는 접근에서, 재난으로 인한 피해는 불가피하므로 최대한 피해의 영향을 줄이고 신속히 원래 상태로 회복하는 접근으로 전환했음을 의미한다(강상준, 2014; 김동현 외, 2015). 즉, 재난의 발생을 원천적으로 예방하는 것은 현실적으로 불가능하지만 재난발생 후 재난으로 인한 손실을 줄일 수 있기 때문에 이러한 부분에 집중하자는 것이다. 이에 재난에 대한 노출 및 취약수준 개선 등 재난발생 이전단계를 중심으로 시행되는 예방적 재난관리와 함께 발생된 피해로부터 신속하게 회복할 수 있는 재난발생 이후 대응 및 사후복구 측면의 재난관리 역량을 강화할 필요성이 높아지고 있다. 여기서 중요한 개념이 재난 리질리언스(disaster resilience)이다.

리질리언스는 현대사회에서 관찰되는 변화의 폭과 속도의 증가, 미래에 대한 불확실성과 불안정성, 위기의 증가를 반영하여 사회체계를 새로운 시각으로 이해하고자 등장한 개념 중 하나(김동현 외, 2015)이다. 최근 발생하고 있는 재난의 예측불가능성, 대형화·복잡화에 따라 재난으로부터 부정적 충격을 최소화하고 재난 발생 후 원상태로 돌아갈 수 있는 능력으로서의 리질리언스가 중요하게 논의되고 있다. 이에 따라 재난관리 정책의 핵심목표도 리질리언스 개념을 중심으로 재난으로부터 피해를 최소화하고 최대한의 복구역량을 갖춘 사회를 구축하는 것으로 변화하고 있다(이대응, 2019). 이러한 변화는 재난의 학문적, 실천적 분야 모두에서 나타나는데, 먼저, 실천적으로 UN은 재난으로부터 위험을 저감하기 위한 효고행동강령에서 리질리언스 개념을 채택하였다(UNISDR, 2007). 학문적으로도 리질리언스가 재난관리 정책에서 중요한 개념이자 전략으로 등장한 이래 재난 리질리언스에 대한 다양한 연구들이 진행되고 있는데, 기존 재난정책 패러다임은 '취약성' 중심으로 재난에 대한 사전예측 가능성과 통제가능성을 중심으로 예방과 대비 중심의 연구가 집중되었다면 최근에는 재난발생으로부터 신속한 회복을 의미하는 재난 리질리언스에 대한 연구가 양적·질적으로 증가·발전하고 있다. 재난 리질리언스에 대한 개념적 탐색에서부터 시작하여 이론모형 탐구, 측정, 영향 요인 분석 등 연구가 계속 확대되고 있고, 규범적 연구부터 실증적 연구 등 연구방법과 자연재난과 사회재난 등 연구대상 또한 다양하다.

본 연구에서는 우리나라 재난의 특징을 살펴보고, 재난 리질리언스의 개념적 속성에 대한 논의와 함께 우리나라 자연재난 리질리언스를 측정하고자 한다. 재난 리질리언스를 측정하는 방법으로는 크게 두 가지가 있는데, 첫째는 재난 리질리언스 비용(Resilience Cost)을 이용하는 것이고, 두 번째는 재난 리질리언스의 구성요소들을 지수화하는 것이다. 여기서는 두 가지 방법 중 리질리언스 비용을 이용해 측정하고자 한다. 리질리언스를 측정함으로써 우리나라 재난관리체계의 문제점을 도출하고, 리질리언스 강화 방안 등 재난관리체계 개선방안을 제시하고자 한다[1].

2. 재난 리질리언스의 구성요소와 측정

1) 재난 리질리언스의 구성요소

리질리언스는 학문적·이론적 영역에서뿐만 아니라 국제기구를 비롯한 국가, 도시의 사회변화에 대한 대응전략과 발전전략의 실천적인 측면에서도 주목을 받고 있다. 리질리언스는 연구영역과 대상 그리고 방법에 따라 다양한 용어로 번역되는데, 재난분야에서는 회복력(김동현 외, 2015; 허아랑, 2017), 복원력(양기근·서민경, 2019; 정지범·이재열, 2009), 회복탄력성(이가을·변병설; 이대웅, 2019; 이대웅·권기헌, 2017), 복원탄력성(이임열 외, 2013), 방재력(김태현 외, 2011; 김현주 외, 2015; 신진동 외, 2012; 유순영 외, 2014) 등으로 번역되어 이용되고 있다. UNISDR(2017)이 제시한 'built back better'라는 개념을 통해서 알 수 있듯이 리질리언스의 개념에는 '이전으로의 회복을 넘어선 더 나은 변화'를 담고 있다. 그러나 기존 용어

---

1 리질리언스에 대한 개념, 속성 등에 대하여 2장에서 논의하였기에 여기서는 생략하고자 한다.

들이 리질리언스의 개념적 정의를 충분히 반영하지 않고 있기 때문에, 본 연구에서는 리질리언스라는 용어를 그대로 이용하고자 한다[2].

재난분야에서는 Timmerman(1981)에 의해 리질리언스 개념이 처음 사용된 이후로(강상준, 2014; 이가을·변병설, 2020), 많은 학자들이 재난위험 축소전략으로 리질리언스를 다루고 있다. 특히 최근 기후변화에 따른 재난의 불확실성과 예측불가능성 뿐만 아니라 사회변화 및 발전과 함께 다양한 영역에서 사회재난 발생의 위험이 높아짐에 따라 재난 리질리언스는 더욱 강조되고 있다. 재난부분에서 리질리언스는 하나의 은유이자, 이론이고, 역량이고, 재난대응을 위한 전략이라고 보았다(Norris et al., 2008).

재난 리질리언스가 정책적으로 본격적으로 관심을 받기 시작한 것은 2005년 개최된 재난위험경감 국제회의부터이다(박소연, 2016; 김창진, 2021). 여기에서 재난위험경감노력인 효고행동강령 '국가 및 공동체의 재난에 대한 리질리언스 확립'을 채택하였다. 효고행동강령의 가장 중요한 목표는 2015년까지 지역사회와 국가의 생활(삶)과 사회적·경제적·환경적 자산에서 재난 손실을 실질적으로 감소시킴으로써 재난에 대한 국가 및 지역사회의 리질리언스를 구축하는 것이다(UNISDR, 2007).

재난 리질리언스의 정의는 연구자의 수만큼 다양한데, 이러한 재난 리질리언스의 정의는 몇가지로 유형화가 가능하다. 첫 번째, 재난 리질리언스를 바람직한 결과와 바람직한 결과를 이끌어내는 과정으로 구분

---

2 관련하여 김동현 외(2015)는 공학기술적인 측면에서는 재해와 같은 외생적 충격과 시간과 물리적 개념이 포함된 특성을 고려할 필요가 있어 회복탄력성이 적합하지만, 생태학적 측면에서 교란과 기후변화와 같은 중장기적 변화가 포함되어 있어 이와 관련한 체계의 변화와 수용력, 사회생태적 관점으로 개념 확장을 고려할 때 사회적 의미를 고려한 '회복력'이 적합하다고 보았다.

할 수 있다. 재난 리질리언스를 어떤 학자들은 역량 구축 및 증진의 과정으로 보는데 반해, 어떤 학자들은 리질리언스를 결과, 즉, 충격 후 시스템 복구 시간 혹은 홍수 범람원에서 건져낸 주택수 등으로 보기도 하고, 일부 학자들은 리질리언스를 과정이자 결과로 본다(Cutter, 2016). 개념이 과정지향인지 성과지향인지 명확히 구분하기 힘들지만, 재난 리질리언스를 개념화하는 방식이 결과 지향적에서 과정 지향적으로 점진적으로 개선되었다(Manyena, 2006). Foster et al.(2010)은 리질리언스를 '상태'가 아니라 '과정'이라고 보고, 적응, 학습 및 혁신과정을 고려해야 한다고 보았다. 결과로서의 리질리언스와 과정으로서의 리질리언스는 리질리언스 3가지 개념인 공학적 리질리언스, 생태학적 리질리언스, 사회생태학적 리질리언스 관점과도 연계된다. 즉, 공학적 리질리언스 관점은 결과를 중시하고, 사회생태학적 리질리언스는 결과뿐만 아니라 과정을 중시한다.

〈그림 4-1〉 재난 리질리언스의 접근: 과정 vs. 결과

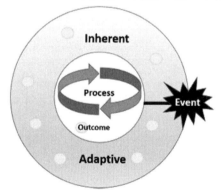

자료: Cutter(2016)

두 번째, 재난 리질리언스 개념은 이전상태로의 복귀와 더 나은 상태로의 개선이라는 측면에서도 구분이 가능하다.

세 번째, 재난 리질리언스에 대한 접근법으로 구조적 접근법과 성과기반 접근법으로 구분할 수 있다(Biringer et al., 2013). 구조적 접근법은 시스템의 구조와 일반적 행태를 관찰함으로써 시스템의 리질리언스를 설명하는데 반해, 성과기반 접근법은 양적으로 시스템의 성과를 측정함으로써 재난 회복탄력성을 측정할 수 있다.

참고로 McAsain(2010)은 기존의 많은 리질리언스 개념을 분석하여 리질리언스를 재정의하였다. 리질리언스의 개념의 공통적 특징은 위협과 사건(threats and events), 긍정적 결과(positive outcomes), 준비된(being prepared), 생존에 대한 바램(desire/commitment to survive), 적응력(adaptability), 경험 획득(gaining experience), 집합적 그리고 조정된 반응－상호의존성(collective and coordinated responses-interdependency)이다. 이는 리질리언스의 사회생태학적 관점을 포괄하는 것으로, 리질리언스는 재난 등 비정상적인 사건을 흡수하고 회복하는 능력, 규모·형태·시기면에서 비정상적인 위협과 사건에 대처할 준비가 되어 있는 것, 변화하고 때로는 위협적인 환경에 적응하는 능력과 의지, 생존을 위한 끈기와 헌신, 공동의 대의와 가치를 공유하기 위해 결집하려는 지역사회와 조직의 의지가 중요하다고 보았다(McAsain, 2010).

많은 학자들은 리질리언스에 대한 개념 정의를 바탕으로 리질리언스의 속성을 제시하고 이를 통해 리질리언스를 측정하고자 하였는데, 재난 리질리언스를 강화하기 위해 요구되는 구성요소 및 속성에 대해서 연구자마다 다양하게 논의되어 왔다. 리질리언스의 구성요소는 리질리언스의 개념과 연계되고, 재난 리질리언스 측정의 개념적 토대를 제공한다.

재난 리질리언스의 속성으로 가장 많이 언급되는 것이 Bruneau et al.(2003)의 4R, 즉 내구성(robustness), 가외성(redundancy), 자원확보성 (resourcefulness), 신속성(rapidity)이다. Bruneau et al.(2003)은 지진이 라는 특정 재해에 대한 리질리언스를 '상황 평가, 빠른 응답 및 효과적인 복구 전략을 통해 지진을 견디고 지진의 영향에 대처하는 물리적 및 사 회적 시스템의 능력'으로서 정의하였다. 이러한 물리적·사회적 시스템 에 대한 리질리언스의 속성으로 4R을 제시하고, 이를 기술적, 조직적, 사회적 및 경제적 차원(TOSE; Technical, Organizatinal, Social, Economic) 으로 구체화시켰다(Bruneau et al., 2003; Tierney et al., 2007). 4R 접근 방식은 리질리언스에 대한 여러 경로를 강조하고, TOSE 프레임워크는 물리적 및 조직적 시스템을 넘어 사회 및 경제시스템 중단의 영향을 살 펴보고, 커뮤니티 및 사회적 탄력성에 대한 전체론적 접근 방식(holistic approach)을 강조한다(김현주 외, 2015).

4R 각 속성의 개념과 특징은 다음과 같다. 내구성은 쇠퇴 혹은 기능 의 손실 없이 주어진 스트레스 수준을 견딜 수 있는 개별 요소들, 시스 템, 그리고 다른 분석단위의 강점 혹은 능력을 의미한다. 가외성은 요 소, 시스템 혹은 분석단위가 대체가능한 것이 존재하는 정도, 즉 파괴, 쇠퇴, 기능 손실의 사건에서 기능적 요구사항을 충족시킬 수 있는 것에 대한 것이다. 자원확보성은 문제를 규명하고, 우선순위를 확립하고 자 원을 동원할 수 있는 역량으로, 설립된 우선순위를 충족하고 목표를 달 성하기 위한 물질(화폐, 물리적, 기술적, 정보적)과 인적자원들을 확보할 수 있는 능력으로 개념화될 수 있다. 마지막으로 신속성은 손실을 억제하 고 미래 파괴를 피하는 방식으로 시기적절하게 우선순위을 충족하고 목

표를 달성하는 능력이다(Bruneau et al., 2003). 여성준 외(2018)는 델파이 조사를 통해 4R 중 리질리언스에 가장 큰 효과가 있는 것을 신속성이라고 하였다.

TOSE의 경우 먼저, 기술적 차원은 주로 시스템의 물리적 특성을 나타내는데, 손상 및 기능 손실에 저항하고 정상적으로 실패하는 능력을 포함한다. 기술적 차원은 가외성을 추가하는 물리적 요소도 포함한다. 조직적 차원은 시스템의 물리적 구성요소를 관리하는 조직 및 기관과 관련이 있다. 이 영역은 재난 관련 조직 성과 및 문제해결을 위한 조직 역량, 계획, 훈련, 리더십, 경험 및 정보 관리의 측정을 포함한다. 비상관리시스템(emergency management system)의 리질리언스는 비상운영센터, 통신기술 및 비상차량과 같은 시스템의 물리적 구성요소와 비상관리조직 자체의 속성(재난계획의 질, 과거 재난으로부터 교훈을 통합하는 능력, 비상 관리 요원의 훈련 및 경험) 두가지 요소에 기반한다. 사회적 차원은 사회집단을 위험과 재난에 더 취약하게 만들거나 더 잘 적응하게 하는 인구와 지역사회(공동체)의 특성으로, 사회적 취약성 지표는 빈곤, 낮은 교육수준, 언어적 고립, 대피와 같은 보호조치를 위한 자원에 대한 접근 부족이 포함된다. 경제적 차원은 재해가 아닌 시기에 기업이 조정 및 적응할 수 있는 능력과 같은 지역 경제의 내재적 속성과 재해 후 임시조치, 혁신 및 자원 대체 능력 측면에서 분석될 수 있다(Tierney et al., 2007).

〈표 4-1〉 리질리언스 구성요소와 측정 프레임워크

성과 측정요소 (TOSE)	내구성 (Robustness)	가외성 (Redundancy)	자원확보성 (Resourcefulness)	신속성 (Rapidity)
기술적 (Technical)	손실방지와 지속적인 서비스제공 신규 및 개조된 구조물들에 대한 건축 코드 및 건설 절차들	백업/중복 시스템, 장비 및 소모품 기술적 대체 및 "해결"을 위한 능력	진단 및 손상탐지 기술 및 방법론 회복 및 복구를 위한 장비 및 물질들의 유효성(이용가능성)	영향 발생 이전의 기능 수준으로 회복시키는 시간의 최적화 시스템 다운타임(downtime) 및 복구시간
조직적 (Organizational)	지정된 기능을 수행하기 위한 지속적인 능력 응급운영계획 (emergency operations planning)	운영을 유지하기 위한(예, 대체 지역) 백업 자원들 재난운영을 관리하기 위한 대체 사이트	손상 및 붕괴에 대처하기 위한 계획과 자원(상호협력, 비상계획, 의사결정지원시스템 등) -운영을 개선, 혁신, 확대하기 위한 능력	복구서비스 및 주요 반응임무 수행에 요구되는 시간 최소화 영향과 초기 회복 간의 시간
사회 (Social)	지역사회의 인명 피해와 혼란방지 사회적 취약성과 지역사회 대비 정도	지역사회의 수요를 위해 제공하는 대체수단 재난 희생자에 대한 주택 옵션의 유효성	지역사회의 수요를 충족시키는 계획과 자원 인적수요를 해결할 수 있는 능력	사건 발생 이전의 기능적 수준으로 돌아가는 시간 최적화 생명선 서비스를 복원할 시간
경제적 (Economic)	직간접적인 경제적 손실 방지 지역의 경제적 다각화 정도	미개봉 또는 초과되는 경제적 능력 제고(재고 및 공급업체 등) 요구되는 투입물을 대체하고 보존하는 능력	안정화 수단(예, 능력 향상과 수요 변경, 외부지원, 복구전략 최적화) 즉석에서 처리할 수 있는 비즈니스 및 산업 역량	사건 발생 이전의 기능적 수준으로 돌아가는 시간 최적화 역량과 수익손실을 회복할 시간

자료: Bruneau et al.(2003); Tierney et al.(2007)의 내용을 결합하여 재구성함

McDaniel et al.(2008)은 MCEER(Multidisciplinary Center for Earthquake Engineering Research)의 이념적 개념틀을 바탕으로 기반시설의 리질리언스에 영향을 주는 요소들을 이해하기 위한 개념적 분석틀로 시스템 기능이 유지되는 범위를 뜻하는 내구성과 시스템 운영 및 생산성이 모두 회복되는

데 필요한 시간인 신속성 두 가지 차원을 제시하고, 재난 전 위험저감활동
과 재난 후 대응활동에 대한 의사결정에 따라 내구성과 신속성이 향상될
수 있다고 보았다(김태현 외, 2011; 김현주 외, 2015)

한편 우리나라 연구에서는 Bruneau et al.(2003)의 4R에 Cutter et
al.(2008)의 지역경쟁력 혹은 커뮤니티 역량을 추가하여 지역사회 리지
릴언스의 속성으로 5R을 제시하고 있다(김동현 외, 2015; 김주현 외 2015;
김태현 외, 2011; 신진동 외, 2012). Bruneau et al.(2003), Tierney et
al.(2008)이 제시한 리질리언스의 4가지 속성인 내구성, 가외성, 자원
확보성, 신속성 등은 공학적 시스템의 실패가능성을 줄였지만 자원환
경의 리질리언스나 지역차원에서의 사회적 요소들을 놓치고 있다고 보
면서 리질리언스의 속성으로 지역경쟁력 혹은 커뮤니티 역량을 추가한
것이다.

5R은 재난관리단계별로 작동하는데, 발생 전 예방단계에서 위험요인
을 찾고 관리하는 계획 수립과 재난 발생 후 초기 대응단계에서 신속한
위험정보 전달 및 공유 등의 기능인 신속성을 통하여 재난 초기 사회경
제 피해를 감소시키면서 급격한 기능 저하를 막을 수 있다. 대비·대응
단계에서는 대체기반시설 등 가외성의 준비 및 시의적절한 투입으로 재
난 발생시 사회적 시스템적 기능 저하가 완만하게 연착륙할 수 있도록
한다. 재난 대응 및 복구 단계에서 필요한 자원 확보, 효율적 배분능력
인 자원확보성과 빠른 정보 공유 및 제도적 준비 능력인 신속성은 기능
회복에 걸리는 시간을 줄여, 도시의 기능 회복곡선 경사도에 긍정적 영
향을 준다. 더 나아가 지역 특성을 반영한 대책 및 교육 등을 통하여
주민들의 적응력을 향상시킬 수 있는 지역경쟁력이 더해지면 재난 발생
이전상태보다 더 나은 상태로의 회복도 가능하게 된다(김동현 외, 2015).

〈그림 4-2〉 재난 리질리언스의 속성: 5R

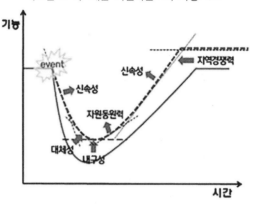

자료: 김동현 외(2015); 신진동 외(2014)

〈표 4-2〉 재난 리질리언스의 5가지 속성과 구성요소들

5R	구성요소
내구성 (Robustness)	재해에 안전한 자연환경 기반시설 및 건물의 내구성 강건한 경제구조
가외성 (Redundancy)	대체기반시설 잉여 자원 및 재정 다양성(경제, 통신수단 등)
신속성 (Rapidity)	시스템(계획, 관리) 정보(신속 정확한 전달 및 공유) 자원수송
자원확보성 (Resourcefulness)	자원확보(구호물자 및 장비, 정보, 기술, 재정, 인력) 자원운영(리더십, 계획, 우선순위 판단, 평가, 형평성) 자원관리(자원 모니터링 및 배치)
지역경쟁력 (Regional Competence)	결속력(신뢰, 자율, 협력, 참여, 소통) 적응(위험인지, 재난경험) 교육 및 훈련

자료: 김태현 외(2011)의 논의를 바탕으로 용어 재정리

이 외에도 재난 리질리언스의 속성에 대한 다양한 학자들의 논의를
보면, 먼저, Godschalk(2003)은 불확실성 대처 방안으로서 리질리언스를
강조하면서, 도시 리질리언스 구축을 위해 물리적 시스템과 사회적 시스템
에 적용될 수 있는 가외성 외 8개의 구성요소를 제시하였다. 즉, 물리적
·사회적 시스템이 가외성이 있고, 다양하고(diverse), 효율적이고(efficient),
자율적이고(autonomous), 강하고(strong), 상호의존적이고(interdepend-
ent), 적용가능하고(adaptable), 협력적(collaborative)이면 리질리언스를 확
보할 수 있다고 보았다.

O'Rourke(2007)은 주요 기반시설의 리질리언스가 인식(awareness),
리더십(leadership), 자원할당(resource allocation), 계획(planning)에 의해
촉진될 수 있다고 보았다. 먼저 인식은 재난과 주요기반시설의 운영에
대한 대중적 관심을 필요로 하고, 계속해서 공교육과 위험 커뮤니케이
션과 지역의 전문적 사회(집단)이 중요하다. 리더십은 회복탄력적인 지
역사회 증진을 위한 핵심 요소로 좋은 자문을 요구하고 정부부처에 대
한 시의적절한 정보를 중요시한다. 응급상황에 대한 계획은 응급상황
발생 대응 경험을 촉진하고, 실제 운영에서 개선을 가져온다. 마지막으
로 자원할당의 경우 주요기반시설을 설계하고 유지하기 위한 적절한 재
정적 자원과 복합적인 프로젝트를 완성하기 위한 장기간의 헌신을 강조
한다.

Maguire & Hagan(2007)은 저항력(resistance), 회복력(recovery), 창
조력(creativity)을 제시하였는데, 저항력은 재난과 그 결과를 견디고자
하는 커뮤니티의 노력에 관한 것이고, 회복력은 재해 발생 이후 재해
발생 전의 기능 수준으로 돌아가는 능력을 의미한다. 그리고 창조력은
최적의 복구는 단지 초기의 균형상태로 돌아가는 것이 아니라 새로운

환경에 적응하고 해결 경험을 통해 좀 더 높은 수준의 기능을 수행할 수 있음을 의미한다.

Rockefeller Foundation and ARUP(2014)은 성찰성(reflective), 내구성(robust), 가외성(redundant), 신축성(flexible), 자원확보성(resourceful), 포괄성(inclusive), 통합성(integrated)을 회복탄력적인 시스템의 속성으로 제시하였다. 성찰력이 있는 시스템은 오늘날의 세계에 내재해있고 계속 증가하는 불확실성과 변화를 수용하고, 지속적으로 발전할 수 있는 메커니즘을 가지고 있고, 현상 유지에 기반한 영구적인 솔루션을 찾기보다 새로운 증거를 기반으로 표준이나 규범을 수정한다. 내구성이 있는 시스템은 잘 설계되고, 건축되고, 관리되는 물리적 자산을 포함하고, 그래서 실질적인 피해 혹은 기능의 손실 없이 위험한 사건의 영향을 견딜 수 있다. 가외성이 있는 시스템은 여분의 능력과 관련된다. 신축성은 시스템이 변화하는 환경에 대응하여 진화하고 적응할 수 있는 것을 의미한다. 자원확보성은 사람과 제도가 충격 혹은 스트레스 하에서 그들의 요구를 충족하거나 목표를 달성하기 위해 다양한 방안을 신속하게 찾을 수 있는 것을 의미한다. 포괄성은 가장 취약한 집단을 포함한 광범위한 상담과 커뮤니티들의 참여 필요성을 강조한다. 도시 시스템들간의 통합성과 배열은 의사결정에서 일관성을 증진하고 모든 투자가 공통의 결과를 위해 지원되는 것을 보장하는 것으로 시스템간 정보교환은 시스템이 집합적으로 기능하고 신속하게 반응하도록 한다.

Vurgin et al.(2011)은 리질리언스를 '기반시설이 외부 위협요인의 영향에 견디는 흡수력(absorptive capacity), 자체적으로 피해에 대응하는 적응력(adaptive capacity), 외부자원을 활용하여 피해를 복구하는 복구력(restorative capacity)'으로 정의하는데, 흡수력은 내구성, 적응력은 내부변화로 인한 자력복구력, 복구력은 복구자원의 양 또는 신속한 조달력으로 설명된다(유순영 외, 2014).

Martin & Sunley(2015)는 지역경제 리질리언스의 속성으로 취약성(vulnerability), 저항성(resistance), 내구성(robustness), 회복성(recoverability)을 제시하고, 지역경제 리질리언스에 대한 영향요인을 내재적 결정요인과 적응적 결정요인으로 구분하였다. 각 영향요인들은 충격 전·후단계별로 영향을 주는데, 충격에 대한 취약성과 저항성은 경제의 개방성, 산업구조, 정책 제도 등 지역경제의 내재적 요인들에 의해 결정되고, 충격 이후 반응 및 적응단계에서는 생산성 및 효율성, 기술, 사업관계의신뢰도 등 적응적 요인들이 중요하게 고려된다고 보았다.

〈표 4-3〉 리질리언스 구성요소

연구자	리질리언스 구성요소	분야 및 영역(대상)
Bruneau et al.(2003)	내구성, 가외성, 자원확보성, 신속성	지진공학
Godschalk(2003)	가외성, 다양, 효율, 자율, 강함, 상호의존, 적용, 협력	공학(자연재해)
Campanella(2006)	강건하고 다양한 경제구조, 계획, 가외능력, 시민의 참여	생태학, 환경
O'Rouke(2007)	인식, 리더십, 자원할당, 계획	도시설계 및 계획
Tierney et al.(2007)	내구성, 가외성, 자원확보성, 신속성	재난일반 (자연재난+사회재난)
Maguire & Hagan(20007)	저항력, 회복력, 창조력	커뮤니티 (사회적 리질리언스)
McDaniels(2008)	내구성, 신속성	병원 인프라
Cutter et al.(2008)	지역경쟁력 지역 역량	자연재해
Vugrin et al.(2011)	흡수력, 적응력, 복구력	허리케인에 대한 석유화학 공급망
Yanez(2013)	가외성, 다양성, 유연성, 안전한 실패, 다층적 상호작용, 자원부존성 및 네트워크, 대응성, 학습능력, 지식다원성	도시 정책개발

연구자	리질리언스 구성요소	분야 및 영역(대상)
Rockefeller Foundation and ARUP(2014)	성찰, 내구성, 가외성, 신축성, 자원확보성, 포괄성, 통합성	도시정책
Martin & Sunley(2015)	취약성, 저항성, 내구성), 회복성	지역경제
김태현 외(2011)	내구성, 가외성, 자원확보성, 신속성, 지역경쟁력	지역
신진동 외(2012)		
김동현 외(2015)		
여성준 외(2018)	내구성, 가외성, 자원확보성, 신속성 * 신속성이 중요함	도시 (부산시)

2) 재난 리질리언스 측정

리질리언스에 대한 정의가 다양하듯이 연구자에 따라 재난 리질리언스 측정 방법 또한 다양하지만, 재난 리질리언스를 측정하는 방법은 크게 두 가지로 구분된다.

첫 번째는 리질리언스 비용을 정량적으로 도출하는 방법이고(김창진, 2021; 박소연, 2016; 박한나·송재민, 2015; 유순영 외, 2014; 이대웅, 2019; 허아랑, 2017; Bruneau et al., 2003; Chang & Shinozuka, 2004; Rose, 2007; Vugrin et al., 2011). 두 번째는 리질리언스의 이론적 모형을 구축하여 속성을 바탕으로 하위 구성요소를 통해 도출된 측정지표를 활용하여 지수화하는 방식이다(Burton, 2012; Cutter et al., 2008). 여기서는 주로 첫 번째 방법에 대해 논의하고자 한다.

먼저, Bruneau et al.(2003)은 실패 확률, 인명손실, 피해 등 부정적인 경제적·사회적 결과 관점에서 실패로 인한 결과 감소, 회복시간 단축 등의 개념화를 통해 시스템의 리질리언스를 정량화할 수 있다고 보았다. 리질리언스가 확보된 시스템은 재난 피해의 발생확률을 감소시켜 재난의 결과인 사망, 손상, 경제·사회적 피해와 복구에 소요되는 시간을 감소시킬 수 있다(김태현 외, 2011). 〈그림 4-3〉과 같이 재해 발생으로 기반시설의 성능이 50% 손실된 경우, '리질리언스 삼각형(resilience triangle)'은 손실 혹은 혼란으로부터 기능의 손실을 나타냄과 함께 시간에 다른 회복과 복구의 패턴을 보여주는데, 리질리언스 강화조치는 인프라의 기능과 성능을 개선하고 복구시간을 줄이는 전략을 통해 리질리언스 삼각형을 줄이는 것을 목표로 한다(Tierney et al., 2007). 따라서 리질리언스는 재난 발생 이후 기반시설 시스템의 기능과 재난 이전 수준의 성능으로 돌아가는데 걸리는 시간으로 측정할 수 있다(Bruneau et al., 2003; Tierney et al., 2007).

〈그림 4-3〉 리질리언스 측정: 리질리언스 삼각형

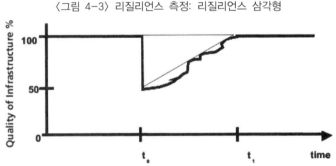

자료: Tierney et al.(2007)

다음으로 재난 리질리언스 측정에서 가장 많이 이용되는 것이 재난 리질리언스 비용이다. 재난 리질리언스 비용 개념은 재난 발생시 어떤 지역이 더 많은 사회적 비용을 요구하는 지역인가에 대한 판단, 재난에 보다 많은 관심과 정책적 노력이 필요한 지역은 어디인가에 대한 이해에 있어서 의미있는 정보를 제공한다(강상준, 2014).

재난 리질리언스 비용을 가장 먼저 제시한 학자는 Vugrin et al.(2011)

이다. Vugrin et al.(2011)은 미국 국토안보부가 샌디아국립연구소에 의뢰한 연구 결과를 토대로, 리질리언스를 '파괴적 사건 후 목표한 시스템의 성능수준으로부터 이탈(deviation)의 정도와 기간을 효과적으로 줄이는 능력'이라고 정의하면서 사회기반시설의 리질리언스를 정량화하기 위해 리질리언스 비용(RC) 개념을 제시하였다. 즉, 리질리언스는 특정 사건 발생시 기반시설의 성능(SP, System Performance)을 목표치(TSP, Target System Performance)로부터 크게 떨어트리지 않고 목표치 이하의 성능을 보이는 시간도 짧게 줄일 수 있는 시스템의 능력(유순영 외, 2014)이다. 〈그림 4-4〉과 같이 손상되는 시스템의 면적이 작을수록, 그리고 재난으로 인한 피해를 복구하는데 드는 노력의 면적이 작을수록 지역의 리질리언스가 크다. 즉, 리질리언스 비용이 작을수록 리질리언스가 향상된다.

〈그림 4-4〉 리질리언스 비용의 개념적 틀

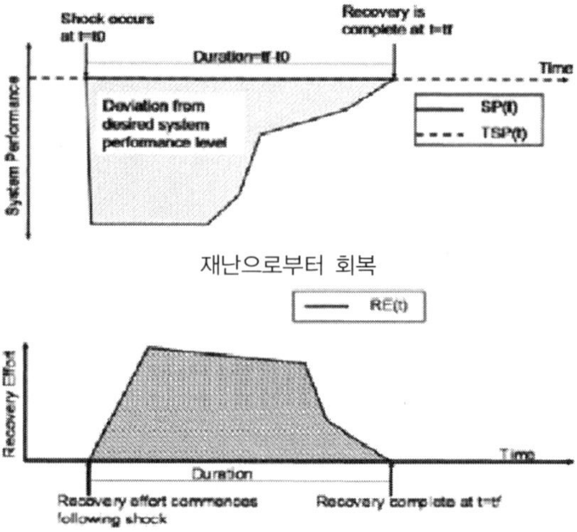

자료: Vugrin et al.(2011)

리질리언스 비용은 시스템 영향(SI, System Impact)과 총복구노력(TRE, Total Recovery Effort)의 합으로 시스템 영향은 목표시스템의 성능(TSP) 과 시스템 성능(SP)간의 간격을 통해 측정가능하고, 시스템 복구노력 (TRE)은 복구기간에 투입된 자원의 양을 의미한다.

리질리언스 비용이 크면 시스템 영향이 크거나 총복구노력이 많이 소요되어서 시스템의 리질리언스가 좋지 않은 것으로 해석할 수 있다. 즉, 재난으로 인해 기존 시스템 성능의 목표치에서 현재 시스템 성능간의 간격이 크고 오래 지속될수록, 재난으로 인해 새롭게 나타난 복구노력의 면적이 크고 오래 지속될수록 리질리언스 비용은 높고, 이는 리질리언스가 낮다는 것을 의미한다(Vugrin et al., 2011: 281-283)

$$RC = SI + \alpha \times TRE$$

$$SI = \int_{t_0}^{t_f} [TSP(t) - SP(t)]dt$$

$$TRE = \int_{t_0}^{t_f} [RE(t)]dt$$

$$RDR(RE) = \int_{t=0}^{t=f} [TSP(t) - SP(t)]dt + \alpha \int_{t=0}^{t=f} [RE(t)]dt$$

RDR(Recovery Dependent Resilience: 복구노력에 기반한 리질리언스 비용
SI(System impact, 시스템 영향): TSP(target system performance)와 SP(system performance)간의 간격을 통해 측정 가능
TRE(Total recovery effort, 시스템 복구 노력): 복구 기간 투입된 자원의 양
α: 가중치와 단위 환산을 위한 계수

이외에도 재난 리질리언스를 정량적으로 측정하기 위한 노력들이 존재하는데, 대부분의 연구들이 Bruneau et al.(2003)의 개념적 틀을 토대로 하여 전개되고 있다(Chang & Shinozuka, 2004; Cimellaro et al., 2010; Rose, 2007)

〈표 4-4〉 리질리언스 정량적 측정 방법

연구자	리질리언스 공식	개념적 틀
Bruneau et al. (2003)	$R = \int_{t_0}^{t_1} [100 - Q(t)]dt$ $Q(t)$: 기반시설의 상태 t_0 : 사건발생 시간 t_1 : 복구완료시간	지진 리질리언스
Chang and Shinozuka (2004)	$R = \Pr(A \mid i) = \Pr(r_0 < r^* \text{ and } t_1 < t^*)$ $\Pr$: 확률 A : 미리 실정한 기준 i : 재난 강도 r_0 : 초기 손실 r^* : 최대 허용 손실 t^* : 최대 허용 시간 $\rightarrow \ r_0,\ r^*$: 내구성, t^* : 신속성	지진 리질리언스
Rose (2007)	정적 경제 리질리언스 $TSER = \dfrac{M\%\triangle DY^m - \%TRIANGLETY}{M\%\triangle DY^m}$ M: 경제전반에 걸친 투입-산출 승수 $\%\triangle TY$: 총 산출물에서 예측된 변화 % $\%\triangle DY^m$: 직접 산출물의 최대 변화 % 동적 경제 리질리언스 $TDER = \sum_{t=0}^{n} Y_{DR} - \sum_{t=0}^{m} Y_{DU}$ $m > n$ Y_{DU} : 신속한 복구 노력이 없을 경우 생산량 Y_{DR} : 신속한 복구 노력이 있을 경우 생산량	경제 리질리언스
Cimellaro et al. (2010)	$R = \int_{t_{OE}}^{t_{OE}+t_{LC}} Q(t)/T_{LC}dt$ $Q(t) = [1 - L(I, T_{RE})][H(t - t_{OE}) - H(t - (t_{OE} + T_{RE}))]$ $\qquad \times f_{Rec}(t, t_{OE}, T_{RE})$ $L(I, T_{RE})$: 손실함수 $f_{REC}(t, t_{OE}, T_{RE})$: 회복함수 $H()$: Heaviside 계단함수 T_{LC} : 시스템의 통제시간 T_{RE} : 사건 E으로부터 회복시간 t_{OE} : 사건 E의 발생 시간	지진 리질리언스

연구자	리질리언스 공식	개념적 틀
Vugrin et al. (2011)	$$RDR(RE) = \frac{\int_{t0}^{tf}[TSP(t)-SP(t)]dt + \alpha \times \int_{t0}^{tf}[RE(t)]dt}{\int_{t0}^{tf}[TSP(t)]dt}$$ $$= \frac{SI + \alpha \times TRE}{\int_{t0}^{tf}[TSP(t)]dt}$$ $RDR(RE)$: 특정 복구노력에 의한 리질리언스 비용지수 TSP : 시스템 성능의 목표치 SP : 현재 시스템 성능 RE : 복구노력 * 시스템간 비교 위해 표준화	허리케인에 의한 석유공급망 리질리언스 〈그림 4-4〉 참고

자료: 유순영 외(2014)의 내용을 토대로 재구성

한편 우리나라의 리질리언스 비용을 측정한 연구들은 Vugrin et al.(2011)의 리질리언스 비용 개념을 이용하고 있다(유순영 외, 2014; 강상준, 2014; 김창진, 2021; 박한나·송재민, 2015, 이가을·변병설, 2020; 이대웅·권기헌, 2017)[3].

대표적으로 유순영 외(2014)은 Vugrin et al.(2011)의 리질리언스 비용 개념을 이용하여 피해액과 총복구액을 이용한 재난 리질리언스 지수[4]를 측정하였다. 재난피해액은 지역사회가 재난으로 인해 본래 상태에서 벗어난 정도의 크기로, Vugrin et al.(2011)이 제시한 시스템 성능 목표치와 현재 시스템 성능 간의 차이에 해당한다. 복구액은 재해 발생 이후 지역사회를 원하는 상태로 되돌리기 위해 소요되는 비용으로, Vugrin et al.(2011)의 복구노력에 해당하고 예방과 대비 효과가 반영된 복구활

---

3 이는 다시 리질리언스 비용 자체를 측정하는 연구와 리질리언 비용에 영향을 주는 요인들을 밝혀내기 위한 연구로 구분된다.

4 유순영 외(2014)는 Disaster Resilience를 방재력이라고 번역했지만 여기서는 용어의 일관성을 위해 재난 리질리언스라고 표기한다.

동의 비용이 된다. 분석범위는 국가 및 시군단위이고, 노출인자로 정규화하여 비교·평가하였다. 사회경제적 규모가 서로 다른 지역간의 리질리언스 비용을 비교·평가하기 위해서는 리질리언스 비용을 지역내 총생산이나 인구규모 등으로 정규화해야 하는데, 유순영 외(2014)는 지역내총생산으로 정규화하였다. 또한 전체적으로 누적피해액 대비 누적복구액의 값을 연도별로 비교함으로써 복구활동의 효과성을 검증하였는데, 리질리언스 비용지수 값이 큰 지역일수록 재해 저감사업 우선지역으로 선정할 필요가 있다고 보았다.

〈그림 4-5〉 리질리언스의 측정요소

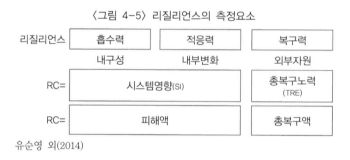

유순영 외(2014)

$$\text{리질리언스 비용 지수} = \frac{\int_{t_0}^{t_f} L(t)dt + \int_{t_0}^{t_f} R(t)dt}{\int_{t_0}^{t_f} V(t)dt}$$

L(t) 피해액, R(t) 복구액, V(t) 노출인자

강상준(2014)은 재해로 인한 사회시스템 영향에 대한 총 복구노력의 비율인 재난 리질리언스 비율을 고려한 자연재해 대응체계를 강조하였다. 즉, 지역사회의 재난 리질리언스를 높이기 위해서는 비율이 높은 지역은 그렇지 않은 지역보다 총복구노력의 요구도를 낮출 수 있는 재난대응체계를 구축하고, 비율이 낮은 지역은 시스템 영향을 낮출 수 있는 재난대응체계를 구축할 필요성이 있다.

$$R_{ratio} = \frac{\alpha \times TRE}{SI}$$

$R_{ratio} > 1$ 총복구노력 요구도를 낮출 수 있는 체계 필요
$R_{ratio} = 1$ 시스템 영향과 총복구 노력 요구도의 적정 비율
$R_{ratio} < 1$ 시스템 영향을 낮출 수 있는 체계 필요

재난 대응 4단계 측면에서 보면 재해발생 이전인 완화 및 대비 단계에서 충분한 사전 투자는 낮은 수준의 재해로 인한 시스템 성능 피해와 낮은 수준의 총복구 노력, 즉 낮은 리질리언스 비용을 가져올 수 있을 것이다. 즉, 강도 높은 자연재해 완화 및 대비 노력은 높은 리질리언스 비용을 보이는 지역사회에 대한 처방이 된다(강상준, 2014). 다만 유사한 정도와 형태의 총복구노력에도 불구하고, 상습적인 자연재해를 겪을 수밖에 없는 지리적 위치에 입지한 지역사회는 자연재해로부터 안전한 곳에 비해 시스템 영향이나 총복구노력, 그리고 회복탄력성 비용 모두가 절대적으로 높을 수밖에 없거나 높게 될 가능성이 크기 때문에, 리질리언스 비용을 단순히 어느 지역의 회복탄력성 정도나 상태를 판단하는 기준으로 삼는데 주의를 해야 한다고 보았다.

한편, 재난 리질리언스 비용 측정과 관련해서 중요하게 고려되는 것이 노출인자이다. 국내 연구는 Vugrin et al.(2010)이 제시한 재난 리질리언스 비용을 그대로 활용하기보다는 사회와 현상에 맞게 다양한 방법을 활용하여 측정하고 있는데, 그 중 하나가 노출인자를 이용한 측정이다. 일반적으로 재해(disaster)는 재난(hazards), 노출(exposures), 취약

성(vulnerability)의 세 가지 요인에 의해 발생하는데[5], 재난이란 태풍, 호우와 같은 자연적 또는 인위적 위협요인이며, 노출은 사람은 물론 경제적, 사회적, 문화적 자산 등 피해를 입을 수 있는 목적물로, 이들 노출인자가 재난에 의해 입은 피해 정도를 취약성이라고 정의할 수 있다(유순영 외, 2014). 노출인자를 이용한 재난 리질리언스 비용지수가 클수록 노출인자 대비 리질리언스 비용이 많이 소모되는 재난 취약지역이라고 말할 수 있다(김창진, 2021). 그러나 지역내총생산력이 크거나 인구가 많은 지역은 재난에 노출된 취약인자가 크기도 하지만 동시에 재난시 동원할 수 있는 복구자원이나 복구인력이 많은 것으로 해석할 수 있어(유순영 외, 2014) 노출인자가 갖는 의미를 보다 명확하게 분석할 필요가 있다.

노출인자는 인구수를 주로 하고(박한나·송재민, 2015; 이가을·변병설, 2020; 이대웅, 2019), 이 외에도 지역내 총생산(유순영 외, 2014), 강우량(최연우 외, 2021), 재난취약계층(김창진, 2021) 등 다양하다.

---

5 엄격하게는 재해와 재난을 구분하여 재난은 자연적으로 발생하는 홍수, 폭풍, 폭염과 같은 사건이지만 재해는 재난으로 인해 인간 삶이 손실을 입을 때 재해가 된다. 모든 재난이 재해인 것이 아니라 재난이 발생하더라도 생명, 신체, 재산에 대한 피해가 없을 때는 재해개 되지 않는다. 재해의 요인으로 재난, 노출, 취약성에서는 재해와 재난을 구분하지만, 이 외 본고의 전체 부분에서는 재난과 재해를 구분하지 않고 기술하고 있다.

〈표 4-5〉 우리나라 재난리질리언스 측정 연구

연구자	측정산식	노출인자	비교	연구대상
유순영 외 (2014)	방재력 비용지수 $$\frac{\int_{t_0}^{t_f} L(t)dt + \int_{t_0}^{t_f} R(t)dt}{\int_{t_0}^{t_f} V(t)dt}$$ L(t) 피해액, R(t) 복구액, V(t) 노출인자	지역내 총생산 (GRDP)	누적 피해액 대비 누적복구액의 값을 연도별로 비교	국가 재해유형별 리질리언스 특정호우에 대한 시군별 RC 비교
박한나, 송재민 (2015)	$$\frac{\int_{t_0}^{t_f} L(t)dt + \int_{t_0}^{t_f} R(t)dt}{\int_{t_0}^{t_f} V(t)dt}$$	인구수	종속변수로 이용 (로그값)	서울시 25개 자치구 (호우)
이대웅 (2019)	$$\frac{\int_{t_0}^{t_f} L(t)dt + \int_{t_0}^{t_f} R(t)dt}{\int_{t_0}^{t_f} V(t)dt}$$ 재난 흡수 및 적응력, 재난 복구력, 재난 회복탄력성 별도로 측정	인구수	종속변수	전국 지방자치단체 (호우)
이가을, 변병설 (2020)	$$\frac{\int_{t_0}^{t_f} L(t)dt + \int_{t_0}^{t_f} R(t)dt}{\int_{t_0}^{t_f} V(t)dt}$$	인구수	종속변수	2018년 17개 광역자치단체(호우)
최연우 외 (2021)	$\frac{System\,Impact + Recovery\,Effort}{level\,of\,Exposure}$ 변화량: 이전연도 대비 다음연도 변화	강우량	종속변수	풍수해(호우, 홍수, 태풍) 2010~2017 피해입은 지역
김창진 (2021)	재난복구액+피해액 / 재난복구액+피해액/노출인자	재난취약계층	종속변수	수도권 66개 시군구 전체 자연재난

3. 우리나라 재난의 특징

1) 재난 일반

「재난 및 안전관리 기본법」에 따르면 재난은 자연재난과 사회재난으로 구분할 수 있다. 자연재난은 태풍, 홍수, 호우, 강풍, 풍랑, 해일, 대설, 한파, 낙뢰, 가뭄, 폭염, 지진, 황사, 조류 대발생, 조수, 화산활동, 소행성·유성체 등 자연우주물체의 추락·충돌, 그 밖에 이에 준하는 자연현상으로 인하여 발생하는 재해이고, 사회재난은 화재·붕괴·폭발·교통사고(항공사고 및 행사사고 포함)·화생방사고·환경오염사고 등으로 인하여 발생하는 대통령령으로 정하는 규모 이상의 피해와 국가핵심기반의 마비, 「감염병의 예방 및 관리에 관한 법률」에 따른 감염병 또는 「가축전염병예방법」에 따른 가축전염병의 확산, 「미세먼지 저감 및 관리에 관한 법률」에 따른 미세먼지 등으로 인한 피해 등이 해당한다[6].

전체적으로 2011년~2020년 10년간 자연재해 피해 규모를 보면, 재산피해 4조 4,193억 원, 인명피해 475명의 사망·실종 및 부상이다. 사회재난은 10년간 136건이 발생하였는데, 피해 규모는 재산피해 1조 7,367억 원, 인명피해는 3,916명이다. 2011년부터 2020년까지 10년간

---

6 이에 따라 우리나라는 사회재난을 「재난 및 안전관리 기본법」 제34조의 5에 따라 위기관리 매뉴얼이 작성되는 유형으로 재난 대응을 위한 재난안전대책본부가 가동되는 재난을 크게 28개 유형으로 구분하고 있다. 산불재난, 유해화학물질 유출사고, 대규모 수질오염, 대규모 해양오염, 공동구 재난, 댐 붕괴, 지하철 대형사고, 고속철도 대형사고, 다중밀집시설 대형화재, 인접국가 방사능 누출, 해양선박사고, 사업장 대규모 인적사고, 다중밀집건축물 붕괴 대형사고, 교정시설 재난 및 사고, 가축질병, 감염병, 정보통신, 금융전산, 원전안전(방사능 누출사고), 전력, 원유수급, 보건의료, 식용수, 육상화물운송, GPS 전파 혼선, 해양유도선 사고, 공연장 안전사고, 초미세먼지가 그것이다(행정안전부, 2021a).

재난 전체 피해규모는 재산피해 6조 1,560억 원, 인명피해 3,916명으로 재난 인명피해와 재산피해규모는 상당하다.

흥미로운 점은 자연재해와 사회재난의 피해양상을 비교해본 결과, 자연재해는 재산피해가 크고, 사회재난은 인명피해가 큰 것으로 나타났다. 즉, 자연재해의 재산피해 규모는 사회재난에비해 2.5배이지만 인명피해 규모는 1/7 수준이다.

〈표 4-6〉 우리나라 10년간 재난 피해 규모

		2011	2012	2013	2014	2015	2016	2017	2018	2019	2020	누적 (2011~2020)
자연재해	피해액 (억원)	7,942	10,892	1,721	1,800	319	2,889	1,873	1,413	2,162	13,182	44,193
	인명피해 (명)	138	53	4	2	0	11	22	57	85	103	475
사회재난	피해액 (억원)	12	3,014	1,274	531	945	626	1,092	1,228	5,303	3,342	17,367
	인명피해 (명)	12	5	56	1,302	197	44	158	335	212	1,091	3,441
	건수	3	2	7	16	7	12	16	20	28	25	136

주: 인명피해는 사망, 부상, 실종을 모두 포함해서 나타냄
자료: 행정안전부(2021a); 행정안전부(2021b)

우리나라 재난발생 추이를 보면 연도별로 등락을 보이는데, 자연재해의 경우 피해액 기준으로 최소 319억 원에서 최대 1조 3,182억 원까지 연도별 차이가 크다. 사회재난도 피해 규모 기준으로 최대 5,303억 원 (2019), 최소 12억 원(2011)으로 큰 폭의 차이를 보이고 있다.

한편 재산피해와 인명피해의 규모가 일치하지 않아 재산피해가 작더라도 인명피해가 더 큰 경우가 있어 재난으로 인한 재산피해와 인명피해 모두에 대한 관심과 대응이 필요하다. 즉, 자연재난의 경우 2016년

재산피해액은 2,889억 원, 인명피해는 11명으로, 2017년~2019년 피해
규모와 비교했을 때, 재산피해액은 높지만 인명피해는 작다. 반대로
2017년과 2018년 비교해보면 재산피해는 2017년에 더 크지만 인명피해
는 2018년에 더 크다. 이는 사회재난도 마찬가지이다.

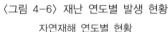

〈그림 4-6〉 재난 연도별 발생 현황

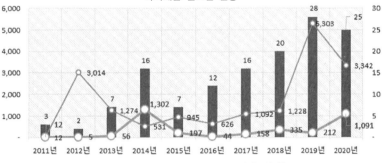

주1: 피해액은 당해연도 가격기준임
주2: 인명피해는 사망, 실종, 부상을 모두 합친 것임
자료: 행정안전부(2021a); 행정안전부(2021b)

2) 자연재해

다음으로는 자연재해와 사회재난의 특징을 구체적으로 살펴보고자
한다.

먼저, 자연재해로 인한 피해 중 가장 많은 비중을 차지하는 것은 태풍
·호우 등 강수 피해이다. 10년간 피해 규모는 4조 1,190억 원이고, 이는
전체 피해규모 중 중 93.2%에 해당한다. 다음으로 피해 규모가 큰 것은
대설, 지진, 풍랑·강풍, 폭염, 한파, 낙뢰 순이다.

태풍·호우로 인한 피해 규모가 1조 이상인 해는 2012년과 2020년으
로, 2017년 이후 계속 피해 규모가 증가하는 추세를 보이다가 2020년에
는 2019년에 비해 거의 5배 이상의 피해가 발생했다. 2020년은 연 평균
기온이 13.2℃로 평년(12.5℃)보다 높았고, 연평균 누적 강수량도
1,591.2mm로 평년보다(1,207.6~1,446.0mm) 높았다. 특히 장마철 기간
이 54일(중부지방 기간)로 1973년 이후 가장 길었고, 장마철 전국 강수량
은 693.4mm로 평년(356.1mm)보다 적었던 최근 6년(2014년 이후)과 다르
게 평년보다 많아 그 피해가 커진 것이다(행정안전부, 2021b). 이와 함께
총 23개의 태풍이 발생하여 이 중 4개의 태풍이 우리나라에 영향을 주었
는데, 제8호(바비)~제10호(하이선)가 8월 하순 이후 연속 발생하여 영향
을 주어 피해를 키웠다. 이에 7월 28일~8월 11일 집중호우에 따른 피해
규모가 1조 372억 원 규모이고, 9월 1일부터 9월 7일까지 연속 발생한
9호 태풍 마이삭과 10호 하이선에 의한 피해 규모는 2,214억 원이다.

대설의 경우 2011년부터 2020년까지 재산피해가 1,586억 원으로, 우리
나라 자연재난 중 두 번째로 피해 규모가 큰데, 2011년 480억 원, 2016년
324억 원으로 많은 피해를 주었던 것이 2020년에는 피해가 발생하지

〈그림 4-7〉 자연재해 유형별 발생 현황

자연재해 유형별 재산피해 현황

〈2011~2020년 누적액(백만 원)〉

구분	재산피해액
태풍 & 호우	4,119,011
풍랑 & 강풍	44,844
대설	158,587
낙뢰	26
한파	145
지진	96,042
폭염	626

〈2011~2020년 누적비율(%)〉

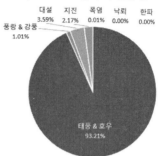

태풍·호우로 인한 재산피해 연도별 현황(억원)

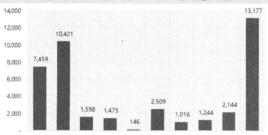

태풍·호우 이외 자연재해 재산피해 연도별 현황(억원)

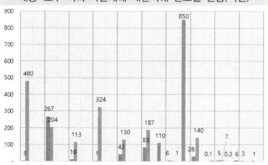

자료: 행정안전부(2021b)의 자료를 토대로 재구성

〈그림 4-8〉 자연재해 발생 사례

2020년 8월 8일 물에 잠긴 전남 구례군 구례읍	2020년 9월 태풍 마이삭으로 인한 경북 울릉군 울릉읍 사동리 일대

2017년 11월 포항 지진 피해	2018년 2월 대설에 의한 농가피해

자료: 시사인(2022.4.29); 제주의 소리(2018.2.8.); 조선일보(2020.9.3); 중앙일보(2017.11.15)

않고, 점차적으로 피해가 줄어드는 경향을 보이고 있다. 다만 2020년에 대설피해는 없었지만 한파로 인한 피해가 발생했다. 지진으로 인한 피해는 2016년 경주지진과 2017년 포항지진으로 인한 것으로, 2017년 포항지진 피해 규모는 850억 원으로 단일 재해로 인한 피해 규모가 태풍과 호우를 제외하고 가장 크다. 마지막으로 풍랑과 강풍으로 인한 피해가 꾸준히 발생하고 있고, 폭염으로 인한 피해는 2018년, 2020년에 각각 발생했다.

연도별 자연재해 발생 현황을 통해서 확인 가능한 것은 태풍, 호우, 풍랑과 강풍이 매년 발생하고 있으며, 2017년 이후 점점 그 피해 규모가 커지고 있다는 것이다. 그리고 지진, 대설, 한파, 폭염 등은 비정기적으

〈표 4-7〉 사회재난 발생 및 피해현황(2011~2020년 누적)

연번	재난유형	건수	피해 현황				재산피해
			인명(명)				
			계	사망	부상	실종	(억원)
	합계	136	3,412	1,669	1,666	77	17,367
1	산불재난	23	63	8	55		4,547
2	유해화학물질 유출사고	4	5	5			614
3	대규모 해양오염	3					8
4	지하철 대형사고	1	477		477		28
5	고속철도 대형사고(일반철도 포함)	5	24	4	20		42
6	다중밀집시설 대형화재	36	832	157	675		3,765
7	해양선박사고	19	693	410	208	75	17
8	사업장 대규모 인적사고	7	160	68	92		74
9	다중밀집 건축물 붕괴 대형사고	4	129	13	116		6
10	가축질병	14					5,083
11	감염병	3	960	960			
12	전력	1					
13	보건의료	1					
14	육상화물 운송	2					2,460
15	초미세먼지	2					
16	기타	11	69	44	23	2	340

주1: 28개 유형 중 10년간 한 번도 발생하지 않은 재난은 제외함
주2: 기타는 중앙재난안전대책본부 또는 지역재난안전대책본부를 운영하였으나, 표준매뉴얼
관리대상이 아니므로 기타유형으로 분류한 것으로 2018년 장기공단 폭발사고, 가산동 대우현장
흙막이 붕괴사고, 상도유치원 붕괴사고, 강릉 펜션사고, 2019년 헝가리 선박 침몰사고, 강릉
수소탱크 폭발사고, 수원 상환아파트 배기덕트 탈착사고, 당진 부곡공단 지반침하, 2020년
동해 토바펜션 폭발사고, 춘천 의암호 선박사고, 구리 교문동 지방침하 사고가 포함됨
자료: 행정안전부(2021a)

로 발생하는데, 통계상으로 2016년 이후 대설을 제외한 지진, 한파, 폭
염으로 인한 피해가 발생해 자연재해 유형이 다양해지고 있다. 특히,
폭염, 한파의 경우, 전 세계적인 기후변화로 여름과 겨울에 기존의 기온

범위를 벗어남에 따라 여러 피해가 발생하는데, 대표적으로 열사병, 일사병 등 온열질환 환자의 급증, 기온 급강하에 따른 상수도 파열 등이 발생해 국가적 대응이 필요하게 되었다(국회예산정책처, 2019)

3) 사회재난

지난 10년간 여러 유형의 사회재난이 발생하였는데, 산불재난, 다중밀집시설 대형화재, 해양선박사고, 사업장 대규모 인적사고, 가축질병의 발생이 두드러진다. 사회재난 중 인명피해가 가장 큰 것은 감염병으로 10년간 3번 발생하여 960명의 사망피해가 발생하였다. 다음으로는 다중밀집시설 대형화재 832명, 해양선박사고 693명, 지하철 대형사고 477명 순으로 나타났다. 재산피해의 경우에는 가축질병이 5,083억 원으로 가장 크고, 다음으로는 산불재난 4,547억 원, 다중밀집시설 대형화재 3,765억 원, 육상화물운송 2,460억 원 순이다.

재난의 유형에 따라 피해규모 및 피해상황이 달라지는데, 산불재난과 다중밀집시설 대형화재의 경우 인명피해와 재산피해 규모가 가장 큰 가운데, 감염병은 재산피해는 없지만 막대한 인명피해를 가져오고, 가축질병은 인명피해는 없지만 가축피해와 재산피해 규모가 크다. 해양선박사고와 사업장 대규모 인적사고, 다중밀집 건축물 붕괴 대형사고, 지하철 대형사고, 고속철도 대형사고는 인명피해와 재산피해를 동시에 수반하지만, 전력, 보건의료, 육상화물운송, 초미세먼지의 경우 인명피해가 없는 것으로 나타났다[7]. 위기관리 매뉴얼이 작성되는 28개 유형 중 대규

---

7 미세먼지는 산업화의 부산물로서 인식하였으나 고농도의 미세먼지가 장기간 지속되면서 일상생활의 많은 불편을 야기한다. 미세먼지로 인한 피해를 정확하게 규명하기

〈그림 4-9〉 사회재난 발생 및 피해현황(2011~2020년 누계)

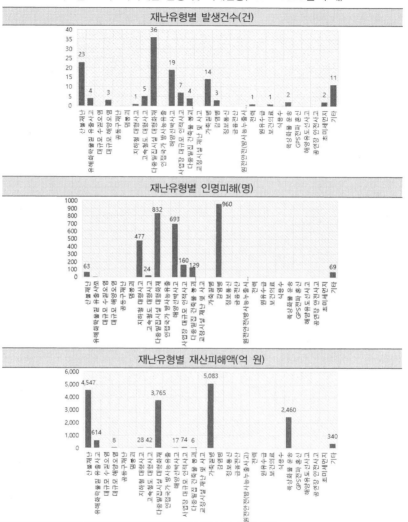

자료: 행정안전부(2021a) 자료를 토대로 작성

어렵기 때문에 통계적으로 미세먼지에 의한 피해가 측정되지 않지만 미세먼지가 영향을
주는 분야, 영향을 받는 사람 등 그 범위가 방대하고 산업 활동과 일상생활 등에 제약을
주는 등 광범위하게 실질적으로 피해가 발생하고 있다(국회예산정책처, 2019).

모 수질오염, 공동구 재난, 댐붕괴, 인접국가 방사능 유출, 교정시설 재난 및 사고, 정보통신, 금융전산, 원전안전, 원유수급, 식용수, GPS 전파 혼신, 해양유도선사고, 공연장 안전사고는 재난수준으로 발생하지 않았다. 그러나 노후화, 네트워크화 및 정보화, 과학화 등에 따라 언제든지 발생할 수 있어 이에 대한 대비 또한 필요하다.

주요 사회재난의 연도별 발생현황을 보면, 산불은 2016년 이후 꾸준히 발생하고, 재산피해와 인명피해 규모도 크다. 다중밀집시설 대형화재는 2013년 이후 꾸준히 발생하고 있다. 해양선박사고 또한 2013년 이후 매해 최소 1건 최대 4건이 발생하였다. 가축질병은 매해 2건씩 발생하고 있는데, 아프리카돼지열병, 조류인플루엔자가 그것이다. 가축질병은 인명피해는 없지만 가축피해를 통한 재산피해가 크다. 사업장 대규모 인적사고 또한 2016년 이후 거의 매년 1~2건 발생하는데, 인명피해가 주로 발생한다는 점에서 주목할 필요가 있다.

〈표 4-8〉 주요 사회재난 연도별 발생 및 피해현황

연도	2011	2012	2013	2014	2015	2016	2017	2018	2019	2020	10년누적 합계
발생건수											
계	3	2	7	16	7	12	16	20	28	25	136
산불	1		2				4	4	8	4	23
다중밀집시설 대형화재			2	4	3	2	5	3	10	7	36
해양선박			1	4	1	1	2	3	3	4	19
가축질병				2	2	2	2	2	2	2	14
사업장대규모 인적사고						2	2	2		1	7
기타	2	2	2	6	1	5	1	6	5	7	37
재산피해액(억 원)											

계	12	3,014	1,274	531	945	626	1,092	1,228	5,303	3,342	17,367
산불	12		95				142	334	2,584	1,380	4,547
다중밀집시설 대형화재			990	162	365	471	120	18	918	722	3,766
해양선박					3	5			4	5	17
가축질병				294	577	13	830	649	1,457	1,152	4,972
사업장대규모 인적사고						1				74	74
기타		3,014	189	75		137		227	340	10	3,991
인명피해(명)											
계	12	5	56	1,302	197	44	158	335	212	1,091	3,412
산불			32				7	18	3	3	63
다중밀집시설 대형화재			2	164	138	6	87	228	128	79	832
해양선박			19	535	21	7	28	21	40	22	693
가축질병											
사업장대규모 인적사고						20	36	54		50	160
기타	12	5	3	603	38	11		14	41	937	1,664

자료: 행정안전부(2021a) 자료를 토대로 작성

4) 우리나라 재난 특징 종합

이렇듯 우리나라 재난의 특징을 보면, 2015년 이후 전반적으로 자연재해와 사회재난 모두 발생건수가 증가함에 따라 피해 규모도 커지고 있다. 자연재해와 사회재난의 피해양상에 차이를 보이는데, 자연재해는 사회재난에 비해 상대적으로 재산피해가 크고 사회재난은 자연재해에 비해 상대적으로 인명피해의 규모가 크다.

우리나라 자연재해 중 가장 피해 규모가 큰 것은 태풍과 호우로, 매년 태풍과 호우로 인한 피해가 발생하고 있다. 그 외 대설, 낙뢰, 한파, 지진, 폭염은 매년 발생하지 않고 있지만 2016년 이전에는 주로 태풍·호우, 풍랑·강풍, 대설 피해가 주를 이루었던 것이 2016년 이후 지진, 한파, 폭염으로 인한 피해가 발생하고 있어, 자연재해 유형이 다양해지고 있다.

사회재난은 자연재해에 비해 비정기적으로 발생하는데, 사회재난 중 산불재난, 다중밀집시설 대형화재, 해양선박사고, 사업장 대규모 인적 사고, 가축질병의 경우 거의 정기적으로 발생하고 있다. 사회재난은 재난의 유형에 따라 피해 규모와 피해 유형이 달라지는데, 예를 들면 감염병의 경우에는 인명피해가 없지만 가축피해와 재산피해가 크고, 감염병은 막대한 인명피해를 가져온다. 특히, 산불과 다중밀집 시설 대형화재 등 화재와 관련한 재난이 거의 매년 발생하고 있고 인명피해와 재산피해 규모도 크다는 점에서 주목할 필요가 있다.

4. 우리나라 재난 리질리언스 측정

1) 측정방법

다음으로는 리질리언스 비용 개념을 이용하여 우리나라 재난 리질리언스를 측정하고자 한다. Vugrin et al.(2011)의 리질리언스 구성요소에 따라 리질리언스 비용은 시스템의 영향과 총복구 노력의 합으로, 리질리언스 비용이 크면 시스템 영향이 크거나 총복구 노력이 많이 소요되어서 시스템의 리질리언스가 좋지 않은 것으로 해석할 수 있다. 뒤집어서 말하면, 리질리언스 비용이 작을수록 리질리언스가 향상된다고 볼 수 있다.

여기서 측정대상은 자연재해이다. 자연재해는 피해액과 복구액 통계가 모두 존재해서 시스템 영향과 총복구 노력이라는 리질리언스 비용을 측정할 수 있지만, 사회재난은 피해액에 대한 정보는 있지만 복구액에 대한 정보가 없어서 리질리언스 비용을 측정하는데 한계가 있다.

다음으로 자연재해 중 태풍 및 호우를 대상으로 광역자치단체간 리질리언스를 비교하고자 한다. 이는 자연재난 중 태풍 및 호우의 피해가 가장 크고, 전 지역에 걸쳐 정기적으로 영향을 주기 때문이다. 한편 재난에 대한 대응체계와 관련해서 재난관리의 주체가 지역사회와 구성원 중심으로 변하면서 지역 리질리언스가 중요해지고 있다((김현주 외, 2011; 전은영·변병설, 2017). 즉, 외부충격(재난)의 종류, 규모, 충격의 기간 및 구조에 따라, 그리고 지역의 특성에 따라 재난에 대한 반응이 다르다. 재난은 지역에서부터 국지적으로 발생하는 양상을 가지고 한 지역의 범위를 넘어 재난의 규모와 피해가 점차 증가하면서 국가적인 재난으로 변해간다. 이에 재난이 발생하였을 시 국가적인 피해로 번져갈 수 있는 사태를 막기 위해서 지방정부의 재난관리 역량이 중요하다(김창진, 2021).

측정 방법은 크게 세 가지로, 시스템 영향과 총복구 노력을 합친 총액인 리질리언스 비용, 리질리언스 비용을 노출인자로 나눈 재난 리질리언스 비용지수, 피해액 대비 복구액의 비율인 재난 리질리언스 비율이 그것이다.

노출인자는 기존 연구와 유사하게 인구수와 재난약자로 하였다. 재난약자는 신체적 측면, 환경적 측면, 경제적 측면으로 구분할 수 있는데(김도형 외, 2017)[8]. 재난이 발생했을 때 이에 대한 신체적 능력이 떨어지고,

---

8 신체적 재난약자는 장애인, 노약자, 유아 및 청소년(13세 미만)으로 스스로 재난상황에서 대피하거나 대응하기 어려운 사람을 의미한다. 환경적 재난 약자는 국내에 거주하거나 여행하는 외국인으로 문화 및 생활환경, 언어로 인한 의사소통의 문제로 재난

재난 대응 및 복구 시 일반인에 비해 더 많은 지원이나 특수한 수단이 필요하고, 재난상황에 대한 판단에 정신적·환경적 제한이 있는 특징을 보인다. 여기서는 재난약자 중 신체적 재난약자(만 10세 미만 어린이, 65세 이상 노인, 장애인)을 노출인자로 선정하였다. 그리고 참고로 행정구역면적을 노출인자로 하여 비교하였다. 행정구역면적이 넓을수록 자연재해 영향 범위가 커서, 이에 대한 고려가 필요하다.

2) 자연재해 리질리언스 측정

먼저, 우리나라 전체 자연재해 리질리언스 비율을 측정한 결과, 전체적으로 리질리언스 비율은 1.0 이상으로 연도별로 보면 2016년 이후 2.5 이상으로 점점 높아지고 있어 리질리언스가 악화되는 것으로 볼 수 있다.

재해유형별로 보면 2019년 풍랑·강풍, 2018년 폭염[9]을 제외하고 전반적으로 태풍·호우 리질리언스 비율이 가장 높은 것으로 나타났다. 2011년부터 2020년 누적값을 이용하더라도 태풍·호우의 리질리언스 비율이 2.75로 가장 높고, 다음으로 지진이 2.03으로 나타났다. 풍랑·강풍은 1.39, 대설, 한파, 폭염은 1.0이하이다. 2.75의 의미는 피해액 대비 복구액이 2.75배 많다는 것으로 총복구 노력 요구도를 낮출 수 있

에 취약한 상태에 놓이게 된다. 경제적 재난약자는 기본적인 안정된 생활기반을 갖지 못하거나 관리하지 못하는 경제적 곤란상황에 있는 사람들로 기초생활 보호대상자 혹은 차상위계층을 의미하는데, 재난에 대비하기 위하여 스스로 재난예방활동을 하는 것이 어렵다(김도형 외, 2017). 경제적 재난약자는 특히 거주지 등의 여건에 의해 사회재난에 더 많이 노출되는 경향이 있기도 하다.

9 이는 2018년 폭염으로 인한 인명피해와 관계가 있다. 2018년 폭염으로 인한 인명피해는 48명으로 재난지원금 지원 대상에 해당하여 복구비가 높아진 경우이다.

는 체계가 필요함을 의미한다.

한편 대설의 경우 리질리언스 비율이 0.63으로 피해액 대비 적은 복구액이 소요된다. 이는 대설로 인한 피해가 주로 비닐하우스 같은 농경지에서 발생하는데, 비닐하우스와 같은 시설물에 대한 보상이 현재 풍수해보험, 농작물재해보험 등으로 이루어져 더 이상 국가보조가 이루어지지 않기 때문이다(유순영 외, 2014). 이와 같이 보험제도가 재난 리질리언스를 강화하는 요소로 인식되어 재난관련 보험을 확대하고 있다[10].

〈표 4-9〉 자연재해 유형별 리질리언스 비율

	2011	2012	2013	2014	2015	2016	2017	2018	2019	2020	10년 누적
태풍호우	2.18	1.95	2.39	3.23	2.05	2.16	3.14	3.48	6.18	3.16	2.75
풍랑강풍		0.48	0.39	0.25	0.69	2.44	0.93	0.96	47.11	0.33	1.39
대설	0.62	0.42	0.37	0.96	0.40	0.76	0.42	0.47	0.59		0.63
낙뢰									0.00		
한파										0.33	0.33
지진						1.32	2.12				2.03
폭염								66.12	0.00		0.92
계	2.08	1.89	2.25	2.82	1.20	2.04	2.67	3.14	6.24	3.16	2.64

주1: 리질리언스 비율(Resilience Cost Ratio)=복구액/피해액
주2: 0.00의 의미는 피해액은 있으나 복구액은 없음을 의미함

연도별 태풍·호우 리질리언스 비율은 2.0에서 4.0 범위에서 움직인다. 2017년 이후부터 리질리언스 비율이 3.0 이상으로 2016년 이전에

---

10 우리나라는 현재 풍수해보험제도를 운영하고 있는데, 풍수해보험은 행정안전부가 관장하고 민영보험사가 운영하는 정책보험으로서 보험가입자가 부담하여야 하는 보험료의 일부를 국가 및 지자체에서 보조함으로써 국민은 저렴한 보험료로 예기치 못한 풍수해(태풍, 홍수, 호우, 해일, 강풍, 풍랑, 대설, 지진)에 대해 스스로 대처할 수 있도록 하는 선진국형 재난관리제도이다. 정부지원이 70~92%로 가입대상 시설물은 주택(동산 포함), 온실(비닐하우스 포함), 소상공인의 상가 및 공장으로 주로 건축물이다(국민재난안전포털, http://safekore.go.kr).

비해 높아졌다. 특히, 2019년 리질리언스 비율이 6.18로 이전에 비해 거의 2배 이상 높고, 피해 규모가 유사한 2016년과 비교했을 때 거의 3배에 가깝게 높다. 이는 2019년 인명피해 규모와 관계가 있다. 즉, 2016년 태풍 호우에 의한 인명피해는 사망·실종자가 7명인데 비해, 2019년에는 18명으로 2배 이상 증가하였다. 또한 2019년 부상자의 수도 37명으로 2016년 4명에 비해 대폭 증가하였다. 즉, 인명피해에 따른 복구비가 증가한 이유는 인명피해는 피해액에는 반영되지 않지만, 복구비에는 재난지원금 등에 의해 반영되기 때문이다. 이에 피해액이 유사하더라도 피해의 유형에 따라 리질리언스 비율이 달라짐을 알 수 있다.

〈그림 4-10〉 태풍·호우 리질리언스 비용과 비율

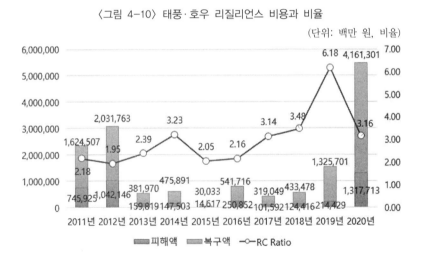

3) 지역별 리질리언스 측정

최근 10년간 피해액과 복구비를 이용하여 광역자치단체의 재난 리질리언스 비율과 노출인자를 이용한 재난 리질리언스 비용지수를 측정·

비교하였다. 위에서와 동일하게 10년 누적치를 이용하였고, 노출인자는 2020년도를 기준으로 하였다.

먼저, 재난에 의한 시스템 영향(피해액)과 총복구 노력(복구액)을 합친 리질리언스 비용을 보면, 전라남도와 경상북도가 2조 이상이고, 다음으로 경상남도, 경기도, 강원도, 충청북도, 전라북도, 충청남도가 1조 이상의 규모로 나타났다. 리질리언스 비용이 가장 낮은 지역은 대구광역시로 10년 누계 34억 원이고, 다음으로 세종특별자치시, 대전광역시, 인천광역시가 낮은 지역에 해당한다. 특히 대구광역시의 경우 1위인 전라남도에 비해 875배가 낮아 지역에 따라 리질리언스 비용에 큰 차이를 보이고 있다.

한편, 시스템 영향(피해액) 규모와 총복구 노력(복구액)을 쪼개서 보면, 피해액과 복구액이 가장 큰 지역은 모두 전라남도이다. 전라남도 이외 피해액은 경기도, 경상남도, 경상북도 순이고, 복구액은 경상북도, 경상남도, 경기도 순으로 시스템 영향과 총복구 노력의 규모가 완전히 일치하지는 않는다. 즉, 경상북도의 경우 경기도보다 재난으로 인한 피해액은 더 작지만, 복구액은 더 크다. 이는 리질리언스 비율을 통해 더 명확해진다.

지역별 특징을 보다 구체적으로 보기 위해 리질리언스 비용과 리질리언스 비율을 이용하여 산점도를 그렸다. 기준점을 어디에 두느냐에 따라 해석이 달라질 수 있는데, 여기서는 리질리언스 비용은 1조 5천억 원, 리질리언스 비율은 2.0을 기준으로 하였다. 1사분면에 위치하는 전라남도, 경상북도, 경상남도, 경기도는 리질리언스 비용이 1조 5천억 원 이상, 리질리언스 비율이 2.0 이상인 지역으로 리질리언스 비용과 리질리언스 비율이 모두 높은 지역에 해당한다. 2사분면에 위치하는 세종특별자치시와 충청남도를 비롯한 9개 지역은 리질리언스 비용은 1조 5천억 원 미만, 리질리언스 비율은 2.0 이상인 지역으로 피해액 대비 복구비가 2배 이상 높은 지역에 해당한다. 3사분면에 해당하는 인천광역시를 비롯한 3개 지역은 리질리언스 비용이 1조 5천억 원 미만, 리질리언스 비율이 2.0 미만인 지역으로 상대적으로 리질리언스 비용과 리질리언스 비율이 낮은 지역에 해당한다.

어느 분면에 위치하느냐에 따라 재난대응체계에 대한 함의점이 달라지는데, 1사분면에 분포하는 지역들은 재난에 의한 시스템 영향과 총복구노력 모두를 낮추기 위한 노력이 필요하다. 즉, 자연재해 발생시 피해 예방과 복구에 더 많은 관심과 정책적 노력이 필요한 지역이라고 볼 수 있다. 2사분면에 분포하는 지역은 총복구 노력을 낮추기 위한 노력에 더 초점을 맞출 필요가 있는 지역이다. 특히 세종특별자치시와 충청남도의 경우, 다른 지역에 비해 기존의 피해액 관점에서 보면 폭풍과 호우로 인한 피해가 상대적으로 큰 지역이 아니지만 리질리언스 비율 측면에서 4.0 이상으로 다른 지역에 비해 2배 이상 높은 지역으로 총복구 노력을 낮추기 위한 재난대응체계 구축의 필요성이 다른 어느 지역보다 높다.

물론 모든 광역자치단체의 리질리언스 비율이 1.0 이상으로 재난에 의한 시스템 영향에 비해 총복구노력이 더 많이 드는 특징을 보이고 있어, 총복구 노력의 요구도를 낮출 수 있는 재난대응체계 구축 필요성이 강하게 제기된다.

〈표 4-10〉 광역자치단체 리질리언스 비용 및 비율

지역	시스템영향 (피해액) (백만 원)	총복구노력 (복구액) (백만 원)	리질리언스 비용		리질리언스 비율	
			비용(백만 원)	순위	비율	순위
서울특별시	37,120	101,898	139,017	13	2.75	8
부산광역시	182,366	513,019	695,385	9	2.81	5
대구광역시	1,594	1,816	3,410	17	1.14	17
인천광역시	22,920	30,307	53,226	14	1.32	16
광주광역시	57,885	82,427	140,312	12	1.42	15
대전광역시	14,347	23,644	37,991	15	1.65	14
울산광역시	87,470	177,505	264,975	11	2.03	13
세종특별자치시	2,306	14,281	16,587	16	6.19	1
경기도	566,296	1,193,775	1,760,071	4	2.11	12
강원도	371,682	1,082,014	1,453,696	5	2.91	4
충청북도	347,374	966,016	1,313,390	6	2.78	7
충청남도	208,831	853,783	1,062,614	8	4.09	2
전라북도	346,429	914,633	1,261,062	7	2.64	9
전라남도	786,528	2,196,560	2,983,088	1	2.79	6
경상북도	452,462	1,580,985	2,033,447	2	3.49	3
경상남도	537,424	1,357,341	1,894,765	3	2.53	10
제주특별자치도	95,979	235,303	331,282	10	2.45	11

자료: 행정안전부(2021b) 내용 재구성

〈그림 4-11〉 광역자치단체 리질리언스 비용 및 비율의 산점도

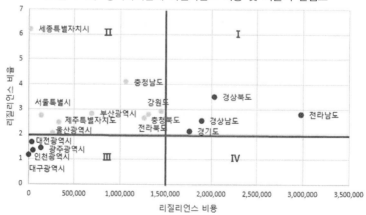

위의 재난 리질리언스 비용은 해석에 있어서 주의를 기울일 필요가 있는데, 해당 지역에 인구가 많거나 행정구역이 넓으면 그 만큼 피해 규모가 커질 수가 있기 때문이다. 따라서 노출인자를 이용하여 지역의 특성을 표준화할 필요가 있다. 즉, 노출인자를 이용한 재난 리질리언스 비용지수가 클수록 노출인자 대비 리질리언스 비용이 더 커서 해당 지역을 재난취약지역으로 볼 수 있다. 여기서 노출인자는 인구수와 재난 약자를 이용하였는데, 인구수와 재난약자 모두 인구통계학적 특성을 반영한 것으로 거의 동일한 특징을 보인다.

리질리언스 비용지수 계산 결과, 리질리언스 비용지수가 높은 지역은 인구수와 재난약자 모두 동일하게 전라남도, 강원도, 충청북도, 경상북도, 전라북도 순으로 나타났다. 해당 지역들은 1인당 재난 리질리언스 비용이 큰 지역으로 재난 리질리언스 개선 노력이 어느 지역보다도 필요하다. 특히 전라남도와 경상북도는 전체 재난 리질리언스 비용과 재난 리질리언스 비용지수 모두 높아 우리나라의 대표적인 재난취약지역에 해당한다.

참고로 행정구역면적을 노출인자로 하여 산출한 결과, 인구수 및 재난약자와는 다른 결과가 도출된다. 즉, 면적이 넓은 지역이 재난 피해가 클 수 있기 때문에 이를 행정구역면적으로 표준화하여 단위면적당 재난 리질리언스 비용을 계산한 결과, 리질리언스 비용과 인구수와 재난약자를 이용한 재난 리질리언스 비용지수의 경우 도단위 광역자치단체가 재난 리질리언스가 낮은 재난 취약지역으로 분류되는데 반해, 행정구역으로 표준화한 경우에는 전라남도를 제외하고는 부산광역시를 비롯한 광주광역시, 울산광역시, 서울특별시가 단위면적당 리질리언스 비용이 높게 나타나 재난 취약지역으로 분류될 수 있다. 이렇듯 노출인자에 따

라 재난 리질리언스와 재난 취약지역이 달라질 수 있다는 점에서 분석
과 해석에 있어서 주의가 요구된다.

〈표 4-11〉 노출인자를 이용한 지역별 재난 리질리언스 비용지수

지역＼노출인자	재난 리질리언스 비용지수					
	주민등록인구수 (원/명)	순위	재난약자 (원/명)	순위	(참고) 행정구역면적 (원/km^2)	순위
서울특별시	14,378	16	53,902	16	230	5
부산광역시	205,011	10	652,111	10	903	1
대구광역시	1,410	17	4,836	17	4	17
인천광역시	18,087	15	67,680	15	50	15
광주광역시	96,763	12	354,845	12	280	2
대전광역시	25,952	14	95,415	14	70	14
울산광역시	233,249	9	904,367	9	249	3
세종특별자치시	46,616	13	175,509	13	36	16
경기도	131,084	11	504,170	11	173	9
강원도	942,221	2	2,758,939	2	86	13
충청북도	820,440	3	2,578,050	3	177	8
충청남도	500,990	7	1,492,297	8	129	11
전라북도	698,996	5	1,948,784	5	156	10
전라남도	1,611,131	1	4,207,315	1	242	4
경상북도	770,414	4	2,152,611	4	107	12
경상남도	567,258	6	1,825,799	6	180	6
제주특별자치도	491,054	8	1,631,080	7	179	7

5. 글을 마무리하며

리질리언스라는 개념은 재난뿐 아니라 생태학, 심리학, 물리학, 의학

등 다양한 분야에서 그리고 개인적 수준, 지역 및 도시, 국가적 수준까지 다양한 수준에서 논의되고 발전되고 있다. 특히 재난분야에서 과거 취약성 중심의 대책에서 어떻게 우리의 지역사회를 재난으로부터 회복력있게 만들 수 있을까에 대한 이해로의 전환을 맞고 있다. 예컨대 재난으로부터 취약한 부분을 찾아내어 재난으로부터 피해를 입지 않게끔 방지 또는 최대한 피해를 줄이고자 하는 접근에서 재난으로부터 피해를 입는 것은 불가피하므로 최대한 적은 피해를 입고 신속히 원래 상태로 회복하는 것이 중요해진 것이다.

본 연구의 목적은 우리나라 재난의 특징을 살펴보고 재난 리질리언스를 측정하는 것이다. 리질리언스의 정량화는 리질리언스 비용 개념으로 가능하며, 이는 시스템 영향과 총복구노력의 합으로 표현될 수 있다. 총복구노력(TRE)과 사회시스템영향(SI)의 비율로 표현되는 재난 리질리언스 비율은 리질리언스를 고려한 재난 대응체계의 판단기준으로 이해할 수 있다. 한편 지역별 리질리언스 비용 개념은 재난발생 시 어떠한 지역이 더 많은 사회적 비용을 요구하는 지역인가에 대한 판단, 재난에 대해 보다 많은 관심과 정책적 노력이 필요한 지역은 어디인가에 대한 정보를 제공한다.

우리나라 재난의 특징은 자연재해와 사회재난 모두 발생건수와 피해규모가 계속 커지고 있다. 자연재해와 사회재난은 피해양상에 차이를 보이는데 자연재해는 사회재난에 비해 재산피해가 크고 사회재난은 자연재해에 비해 인명피해가 크다.

우리나라 자연재해 중 가장 피해규모가 큰 것은 태풍과 호우로, 매년 태풍과 호우로 인한 피해가 발생하고 있다. 그 외 대설, 낙뢰, 한파, 지진, 폭염은 매년 발생하지 않고 있지만, 2016년 이후 지진, 한판, 폭염으로 인한 피해가 발생하고 있어, 자연재해 유형이 다양해지고 있다.

사회재난은 자연재해에 비해 비정기적으로 발생하는데, 사회재난 중 산불재난, 다중밀집시설 대형화재, 해양선박사고, 사업장 대규모 인적 사고, 가축질병의 경우 거의 정기적으로 발생하고 있다. 사회재난 유형에 따라 피해규모와 피해유형이 달라지는데, 예를 들면 감염병의 경우에는 인명피해가 없지만 가축피해와 재산피해가 크고, 감염병은 막대한 인명피해를 가져온다. 산불과 다중밀집 시설 대형화재 등 화재와 관련한 재난이 거의 매년 발생하고 있고 인명피해와 재산피해 규모도 크다는 점에서 주목할 필요가 있다.

이러한 재난의 효과적이고 효율적인 대응체계에 대한 논의를 위해 자연재해를 대상으로 재난 리질리언스를 측정하였는데, 시스템 영향과 총복구 노력의 합인 재난 리질리언스 비용, 노출인자를 반영한 재난 리질리언스 비용지수, 피해액 대비 복구액의 비율인 재난 리질리언스 비율로 측정하였다.

먼저 자연재해 중 태풍과 호우는 매년 우리나라 전 지역에 영향을 주는 자연재해로, 리질리언스 비용과 리질리언스 비율이 가장 높은 특징을 보인다. 여기에서 재난 리질리언스 비율의 연도별 변화를 보면 재난 리질리언스 비율이 높아져 재난 리질리언스가 악화되고 있음을 알 수 있다. 복구는 단순히 당해 피해에 대한 복구뿐만 아니라 미래 재난에 대한 예방을 위한 투자도 포함하기 때문에 이전에 총복구노력이 높으면 그 다음에 재난의 시스템에 대한 영향과 총복구 노력이 낮아지는 선순환구조가 만들어져야 하는데, 전혀 그렇지 못하고 있다[11]. 이는 우리나

---

11 이전연도 복구액과 당해연도 피해액의 상관관계를 분석한 결과, 오히려 정의 상관관

라 재난대응 및 관리체계가 미래 재난에 대한 대응차원에서 계획되고 집행될 필요가 있음을 의미한다.

다음으로 지역별 재난 리질리언스는 재난 리질리언스 비용, 재난 리질리언스 비율, 재난 리질리언스 비용지수에 따라 달라지는데, 재난 리질리언스 측정방법이 갖는 의미와 정보가 다르기 때문이다.

첫째, 전체적인 리질리언스 비용이 높은 지역은 전라남도, 경상북도, 경상남도, 경기도, 강원도이다. 해당 지역들은 지난 10년간 재난 리질리언스 비용이 1조 5천억 원 이상으로, 전체적으로 시스템영향과 총복구노력을 모두 줄이기 위한 노력이 무엇보다 필요한 지역이라고 볼 수 있다.

둘째, 노출인자(인구수, 재난약자)를 고려한 재난 리질리언스 비용지수를 측정한 결과, 전라남도, 강원도, 충청북도, 경상북도, 전라북도가 리질리언스 비용지수가 높아, 리질리언스가 낮은 재난 취약지역에 해당한다. 이는 노출인자 즉, 인구 1인당 리질리언스 비용이 높아 1인당 피해규모와 복구 노력이 더 많이 들어 리질리언스가 낮은 지역임을 의미한다. 한편 노출인자를 행정구역으로 할 경우는 대도시에 해당하는 광역시들의 재난 리질리언스 비용지수가 높게 나타나 노출인자를 무엇으로 보느냐에 따라 재난 취약지역이 달라질 수 있음을 알 수 있다.

셋째, 리질리언스 비율의 경우, 태풍·호우의 리질리언스 비율은 우리나라의 모든 지역이 1.0 이상으로 시스템영향 대비 총복구노력의 비중이 높아 총복구노력을 줄이기 위한 재난대응체계가 필요함을 보여준다. 특히 세종특별자치시와 충청남도의 경우 다른 지역에 비해 피해액

계로 나타나 이전연도 복구액이 높으면 당해연도 피해액도 높게 나타나, 복구노력에 대한 재검토가 필요하다.

대비 복구액 규모가 상당히 큰 지역으로 이에 대한 정책적 관심과 노력이 필요하다.

위의 분석을 종합한 결과, 우리나라 광역자치단체 중에서 재난 리질리언스가 가장 낮은 지역은 전라남도에 해당한다. 전라남도는 리질리언스 비용 뿐만 아니라 노출인자를 고려한 재난 리질리언스 비용지수도 높아 우리나라에서 가장 재난에 취약한 지역이라고 볼 수 있다. 그리고 경상북도, 경상남도, 충청북도, 전라북도 또한 재난 리질리언스 비용과 리질리언스 비용지수가 높아 재난 리질리언스 낮은 재난 취약지역에 해당한다고 볼 수 있다.

따라서 해당 지역들의 경우 재난 리질리언스를 높이기 위한 정책적 노력이 절실히 필요하다. 이에 대해 강상준(2014)은 재해발생 이전인 완화 및 대비 단계에서 충분한 사전투자는 낮은 수준의 재해로 인한 시스템 성능 피해와 낮은 수준의 총복구 노력, 즉 낮은 리질리언스 비용을 가져와 높은 리질리언스 비용을 보이는 지역사회에 대한 처방이 된다고 보았다. 또한 총복구 노력은 피해의 유형에 따라 달라지는데, 인명피해가 많을 경우 피해액 산정에는 반영되지 않으나 복구비 산정에는 반영되므로 총복구노력을 줄이기 위해서는 재해로 인한 인명피해를 줄이기 위한 노력이 요구된다.

이와 함께 각 지역이 갖고 있는 재난 리질리언스 특징을 토대로 지역의 특성에 맞는 재난대응체계를 마련할 필요가 있다. 이와 관련하여 유순영 외(2014)는 지역별 재난별 총피해액 대비 총복구액 비율을 분석하여 호우시 피해액 대비 복구액의 비율이 높고, 호우의 경우 호우 발생시 기별 지역에 대한 영향이 달라지는데 이는 피해액 대비 복구액의 비율이 호우의 물리적 특성, 즉 이동경로 및 영향 반경보다는 지역의 사회적,

경제적, 환경적 특성에 영향을 받기 때문이라고 보았다. 예로 재해로 인한 농작물의 경우 피해액은 산정하지 않지만 복구비(재난지원금)에서 지원이 되기 때문에 이것이 재난 리질리언스 측정에 영향을 준다. 따라서 각 지역이 갖는 사회적, 경제적, 환경적 특성을 고려하여 재난에 의한 피해 특성을 이해하고 재난 대응체계를 마련할 필요가 있는 것이다.

그러나 재난 리질리언스 측정에 있어서 몇 가지 고려되어야 할 점이 있다. 이는 본 연구의 한계점으로 기존 연구자들의 논의를 같이 제시하고자 한다. 먼저, 리질리언스 비용에 대한 해석에 있어서 주의를 기울일 필요가 있는데, 리질리언스 비용에는 유사한 정도와 형태의 총복구 노력에도 불구하고, 상습적인 자연재해를 겪을 수밖에 없는 지리적 위치에 입지한 지역사회는 자연재해로부터 안전한 곳에 비해 시스템 영향이나 총복구 노력, 그리고 리질리언스 비용 모두가 절대적으로 높을 수밖에 없거나 높게 될 가능성이 크다는 한계가 있기 때문이다(강상준, 2014).

둘째, 본 연구에서 재난 리질리언스를 측정하는데 있어서 시스템 영향에 대피인원 및 기간으로 인한 사회경제적 영향이 고려되지 않았다. 재난 리질리언스의 개념에서 복구를 위한 기간이 중요한 요소로, 복구기간이 길어질수록 리질리언스 비용이 높아지는데, 이것이 반영되지 않은 것이다. 즉, 대피 기간에 따른 간접적인 사회경제적 비용이 반영되지 않은 한계를 갖고 있다.

셋째, 지역별 재난 리질리언스를 비교하는데 복구비 지원기준을 고려해야 한다. 「자연재난 구호 및 복구 비용 부담기준 등에 관한 규정」 제5조에 따르면 재난에 대한 국고지원 기준으로 각 지역의 재정력 지수를 이용한다. 재정력 지수에 따라 일정한 피해금액 이상이 되어야 국고로 복구비 지원이 이루어지기 때문에 각 지역의 재정력은 복구비에 중요한 요인이 된다. 즉, 재정력 지수가 높은 지역의 경우 피해액이 높아야 국고지원이 이루어지고 반대로 재정력 지수가 낮은 지역의 경우 피해액이 그다지 높지 않아도 국고지원이 이루어진다. 이는 위에서 광역자치단체 중 광역시보다 광역도의 복구비가 높은 이유와도 일맥상통한다.

넷째, 노출인자에 대한 고려가 필요하다. 즉, 노출인자가 무엇이냐에 따라 재난 리질리언스가 달라질 수 있기 때문이다. 따라서 각 노출인자가 재난 리질리언스에 갖는 의미를 명확히 할 필요가 있다.

다섯째, 여기에서 재난 리질리언스를 측정하기 위해 이용된 통계자료인 재해연보에 보고된 피해액과 복구액이 가장 신뢰할만한 자료이기는 하나, 피해액과 복구액을 평가하는 방법은 어려운 절차로 여전히 개선이 필요한 연구 분야이다(유순영 외, 2014). 이는 우리나라 복구비 지원과 산정방식과 관련이 있는데, 2020년에 재난지원금 대상이 확대되어 동일한 재난 피해라 하더라도 연도에 따라 복구비가 달라진다. 따라서 재난에 따른 피해액과 복구비 산정 관련한 제도 변화에 따라서 피해액과 복구비 규모가 달라지기 때문에 연도별 리질리언스 비용과 비율을 해석하는데 유의해야 한다[12].

---

12 행정안전부는 2006년에 재난으로 인한 피해를 신속하게 복구하기 위해 시군구의 재정자립도와 예산규모 등을 종합적으로 고려한 국고지원기준을 마련하였다. 피해를 입은 자치단체에 대해 기준에 따라 국고를 지원하며, 사망이나 부상 등의 인명피해, 주택 및 주생계수단 등에 피해를 입은 이재민들에게는 재난지원금을 지원하고 있다. 2020년에는 장기간 집중 호우로 큰 피해를 본 주민들의 조기 생활 안정을 지원하기 위해 재난지원금을 상향 조정하였다. 특히, 재난 피해의 규모가 커서 자치단체의 행·재정적 능력만으로 복구에 한계가 있는 경우에는 '특별재난지역 선포'를 통해 국가예산을 추가로 지원하고 있다.(행정안전부, 2021c). 관련하여 특별재난지역 선포의 경우 2017년부터 시군구단위에서 읍면동 단위로 확대함에 따라 특별재난지역 선포 지역이 확대되었다.

마지막으로 본 연구는 우리나라 재난 특징을 분석하고, 재난 리질리언스를 측정하여 리질리언스 개선에 대한 정보를 제공하지만, 재난 리질리언스를 어떻게 개선할 것인지에 대한 부분에 대한 정보는 부재하다. 따라서 향후 재난 리질리언스 영향 요소들을 밝히고 재난 리질리언스를 개선하기 위한 요소들을 명확히 함으로써 재난 리질리언스 개선방안을 도출하는 연구가 필요하다.

또한, 재난 리질리언스는 물리적, 생태적, 사회적 분야와 함께 개인, 도시 및 지역사회 등 다양한 수준에서 정의되고 적용되고 있어(고수정·안성조, 2016; 김동현 외, 2015), 향후 재난 리질리언스에 대한 측정과 구성요소, 개선전략을 마련하기 위해서는 보건과학(health science), 공학, 사회학, 경제학, 생물학 및 자연과학, 공간과학 등 다양한 학문간의 통섭이 필요하다.

원재연

1. 생태 및 환경 리질리언스에 대하여 : 개념 정의와 주요 속성

먹고사는 문제와 죽고사는 문제 사이에서

인간의 생존에 가장 필요한 요소를 말해보라면, 대다수 사람들은 곧 의식주(衣食住), 그중에서도 식(食, 음식)을 첫손가락에 꼽을 것이다. 그러므로 먹고사는 문제는 모든 인간의 생존본능을 유지하기 위해서 가장 중요하고 우선적으로 해야 할 일이다. 그러나 이보다 더 중요한 일이 있다는 사실에 대해서 대다수의 사람들은 아예 관심조차 두려고 하지 않는다. 그 중요한 일은 곧 인간에게 의식주를 제공해주는 생태와 환경의 소중함을 깨닫고 지속적인 향유를 위해서 인간이 해야 할 일들을 진지하고 치열하게 고민하는 것이다.

인간이 세상에 나면서 처음으로 하는 일이면서 죽을 때까지 계속해야 할 일은 숨쉬기이다. 이를 통해서 끊임없이 산소를 자신의 폐부로 흡수하면서 자신의 몸안에 있는 이산화탄소를 밖으로 내보낸다. 인간은 성장하면서 매일 매순간 산소와 물, 음식 등을 몸안으로 들여와서 소화 흡수 작용을 하면서 동시에 그 노폐물을 몸밖으로 배출해야 한다. 이러한 인간에게 그 필요한 것을 공급해주고, 동시에 그 불필요한 것을 제거해주는 고마운 존재가 곧 환경이요, 생태라고 할 수 있을 것이다. 그러므로 환경과 생태는 모든 인간의 생존에 필수 불가결한 요소인 것이다. 그러나 대다수의 인간이 그 고마움을 느끼지 못하고, 누리고 소유하고 사용하는 것에만 신경을 썼다. 그 결과로 인간의 생존을 심각하게 위협하는 생태와 환경의 재난들이 빈발하게 되었다. 특히 아직도 그 어두운 터널에서 완전히 벗어나지 못하고 있는 코로나19 라는 전세계적인 전염병의 유행과 이에 따른 심각한 경제위기의 원인도 바로 인간을 둘러싼 생태와 환경에 무관심했던 인간의 근시안적 이기주의에서 비롯되었다고 할 수 있다. 여기서 우리는 먹고사는 인간의 본능을 만족시키는 일이 아무리 시급하여도, 이보다 더 중요한 인간 존재의 생존과 멸망을 결정하는 죽고사는 문제, 곧 우리의 생태와 환경에 대해 진지하게 성찰할 필요성을 새삼 깨닫게 된다.

생태, 환경, 그리고 리질리언스와 정의로운 전환

'생태(生態, ecology)'란 인간을 포함한 모든 생물이 살아가는 모양이나 상태를 의미하고 '환경(環境, environment)'이란 인간을 포함한 모든 생물의 생존이나 생활에 영향을 미치는 자연적 조건이나 상태를 의미한다고 할 수 있다. 따라서 '환경'은 곧 '생태적 환경'을 의미하게 되며, 환경은 생태를 포함하는 개념이지만 종종 생태와 같은 의미로도 사용될 수 있다는 사실을 알 수 있다.

'리질리언스(Resilience)'는 '생태'나 '환경'이라는 용어와는 달리 너무나 다양한 의미로 사용되어 왔기 때문에, 한국어 번역도 당연히 다양하게 번역할 수 있게 되는데, 최근(2021년 12월 10일)에 하버드 대학의 신경과학자 조앤 보리센코의 책 *It's Not the End of the World*를 번역한 안진희는 그 제목을 '리질리언스'로 설정하고, 그 의미를 "스트레스를 견뎌내고 다시 일상으로 돌아오는 긍정의 힘" 곧 '회복탄력성'이라고 요약했다.

어쩌면 기후위기는 사실상, 이에 수반되는 전 세계적인 전염병의 유행(팬데믹), 그리고 기후위기의 주범으로 많이 지목되어온 자본주의적 경제성장에 닥쳐온 목전의 위기들과 함께 '과거 좋았던 상태로의 회귀 내지 복귀'를 더이상 허용하지 않을 것이라고 보여지기 때문에, 복구적인 의미가 포함된 '회복탄력성'보다는 사실상 '적응능력'이나 '대응능력', 또는 '적응탄력성', '대응탄력성' 등으로 대처하는 것이 보다 적절한 방안이 아닐까 생각한다.[1]

그렇지만 필자는 포괄적인 의미에서 '회복탄력성'이라는 개념에 "기후위기로 야기된 변화된 상황에 적응(대응)하는 능력이 포함되어 있다"는 점에서, 리질리언스를 '회복탄력성'으로 번역하는 인천대학교 인문

---

1 이와 관련하여 이근행(2022)에 의하면, "이미 석유, 농업, 어획, 물이용 등은 정점(peak)을 찍었고, 신자유주의 상품경제는 저성장, 마이너스 성장 단계로 접어들었다. 그럼에도 우리는 물질적 풍요의 일상으로 복귀하리라는 미련을 버리지 못하고 있다. 문제를 야기한 방식으로는 문제를 해결할 수가 없다. 기후, 팬데믹, 성장의 위기는 과거의 일상으로 되돌아갈 수 없으며 달리 가야 한다는 것을 알려주는 자연과 사회의 경고 메시지이다."라고 하였다. 필자도 이근행의 이런 견해에 적극 공감하면서, 과거 좋은 시절의 기후로 복귀하거나 팬데믹 없는 시기로의 복귀, 부단한 자본주의적 고성장 등은 현실감각을 상실한 일종의 이상주의 내지 탁상공론이라는 비판을 받기 쉽다고 생각한다.

사회연구소 연구팀의 입장(아젠다 : "인천의 내발적 공동체에 입각한 도시회복력 연구")에 일단 동의하면서, 인간 학문의 다양한 분야에서 연구해온 리질리언스의 개념적 정의에 대해서는 본고에 앞서 이미 신진식, 백정미두 연구자에 의해서 제시된 논의에 따르고자 한다.[2] 다만 필자가 서술할주제와 입론이 "인간의 생존에 필수 불가결한 생태적 환경에 대해 적극적 관심을 갖고 진지한 성찰을 해보자"는 것이기 때문에, 인간의 생존을심각하게 위협하는 현재의 재난적 생태 환경을 초래한 근본 원인을 살펴보고, 재난적 위기상황을 극복하는 새로운 대안으로서의 건강한 생태환경을 조성하기 위한 국가 및 지역자치단체의 정책과 시민운동의 방향을 제시하는 데 유용한 개념으로서 리질리언스에 연구의 초점을 맞추고자 한다. 한편 최근 인천지역을 중심으로 한 한국의 지역학 연구자들은기후위기에 대응하는 적절한 사회개혁의 논의를 진행하면서 "기후위기에 대응하는 전반적인 인간들의 행위나 구조의 변화"를 '정의로운 전환'으로 명명하여 사용하고 있다.[3] 필자도 이에 동의하면서 '정의로운 전환'이야말로 50년 이상의 역사성을 지닌 용어로서, 기후위기에 대처하는 '리질리언스'(적응능력) 강화의 대세적 흐름이라고 생각한다. 따라서본고에서는 '생태 환경 리질리언스 강화'와 '정의로운 전환'의 논의를 대체로 동일한 의미로 사용하고자 한다.[4]

---

2 본서 제2장(신진식)과 제4장(백정미)에서 리질리언스의 개념과 의미에 대해 제시하였다.

3 황해문화 114호는 이희환·김선철·김현우·정록·이창근·이근행(2022) 특집 제목아래 모두 6편의 개별 논문이 게재되어 있다. 본고의 주요 내용의 상당 부분은 이 6편논문의 성과를 요약 정리한 것에 그 바탕을 두고 있다. 본고의 서술에 많은 도움을주고 있는 이 필자들에 대해 특별한 감사를 표한다.

4 물론 리질리언스는 '기후위기'만이 아니라 자연과학, 공학, 인문사회학 등 여러 학문

2. 기후위기와 정의로운 전환 : 진단과 대안 논쟁을 통한 새로운 모색

1) 전(全)지구적 기후위기의 원인과 현상

국내외 기후위기의 현실 - 잦은 산불과 홍수, 그리고 가라앉고 있는 섬나라들 -

최근 지구의 기후가 자주 이상한 증상을 보이고 있음은 국내외 소식을 통해서 접할 수 있다. 실제로 우리는 100년에 1번의 확률에 가까운 기후재난 현상을 조석 간에 빈번히 접한다. 국내의 경우 극단적인 가뭄과 이로 인한 대형 산불, 호우로 인한 홍수 등의 재난을 들 수 있다. 동해안을 남북으로 뻗은 태백산맥의 동쪽 강원도 영동지방과 경북의 동해안 쪽에는 최근 해마다 늦겨울부터 초봄에 걸쳐 대형 산불이 여러 곳에서 1~2차례 이상 발생하여 수많은 이재민이 집과 가재도구를 잃고 체육관이나 학교건물 등 대형 수용시설에서 불편한 생활을 하는 모습을 TV를 통해 접하곤 한다. 2022년 3월 올해도 예외 없이 울진, 영덕에서 대형 산불이 일어나서 민가 인근의 야산이 황폐화되는 것은 물론이고 금강송 군집지역 일부까지 번졌고, 한때 울진 한울원자력발전소와 삼척 LNG생산기지 등을 위협하였다. 특히 울진의 산불은 3월 4일 울진군 북면 두천리에서 발생하여 10일 후인 14일 진화되기까지 213시간이나

분야에 걸쳐 사용되는 개념이고, 기후위기에 대처하는 리질리언스의 방법론에는 '정의로운 전환'으로만 표현할 수 없는 다른 의미들도 포함되어 있다. 따라서 '정의로운 전환'보다는 리질리언스가 좀더 광의의 보편적 개념이라고 할 수 있겠다. 필자는 최근 연구자들의 활발한 논의를 우리팀의 과제 토론에 보다 적극적으로 활용한다는 측면에서 편의상 '정의로운 전환'을 리질리언스를 잠정적으로 대체하는 좀더 구체적이고 유효한 개념으로 사용하고자 하는 것이다.

지속되어 역대 최장기간 최대규모의 피해를 입혔다. 이 불은 축구장 약 3만 개에 달하는 20,923ha의 산림 피해와 주택 319채, 농축산 시설 139개소, 공장과 창고 154개소, 종교시설 31개소 등의 시설물 피해를 입혔다. 경북에서는 산불 진화에 소방인력 연인원 6,972명, 소방장비 2,599대가 동원되었으며, 강원도에는 총 연인원 3,158명, 소방장비 851대가 투입되었는데, 이런 막대한 규모의 소방인력과 물자 투입에도 불구하고 잔불이 계속되다가 결국 하늘이 내려준 봄비로 인해 완전히 소멸될 수 있었다.(뉴스브리핑 2022.3.14.) 이 산불은 건조한 대기와 초속 20m에 달하는 강한 바람 등 자연적 기상요건에 그 1차적 요인이 있지만, 강릉의 경우 이웃간 불화로 인한 방화가 그 직접적인 발화의 계기였다는 점에서 인재적 측면도 있었다.

한편 2020년 8월 전국 곳곳의 댐 하류 지역에는 집중호우로 인한 홍수가 발생했다. 특히 금강과 섬진강 유역의 충청도 전라도 지역의 홍수 피해는 막대했다. 당시 섬진강 유역의 구례군의 경우 그 중심지 구례읍이 온통 물바다가 되었는데, 70~80대 지역 주민들도 이런 일은 태어나서 처음 겪는 일이라고들 했다. 정부가 조사한 수해 현황에 의하면 섬진강댐 하류 78개 지구, 용담댐, 대청댐 하류 53개 지구, 경남의 합천댐, 남강댐 하류 27개 지구 등 총 158개 지구에서 3,725억원 규모의 피해가 발생했다.(연합뉴스 2021.10.4.) 이러한 수해의 원인은 '집중호우'라는 자연현상에 그 1차적 원인이 있으며, 2차적으로는 댐 운영 및 홍수 관리의 부실, 하천의 예방투자 및 정비 부족 등 인재에 해당되는 부분도 복합적으로 내재되어 있다.

미국의 경우 2021년 2월, 온화한 기후대인 텍사스에 한파가 엄습하여 에너지 공급이 끊기면서 가난한 사람들을 위주로 최소 250명이 사망했다. 6월에는 선선한 기후대인 캐나다에서는 약 1개월간 열돔이 형성되면서 수백 명의 사상자가 발생했는데 당시 최고기온이 섭씨 49.63도에 이르러 당시까지의 최고기록을 갈아치웠다. 7월에 아시아의 인도 서부와 중국 허난성에서는 극단적 호우가 쏟아져서 각각 수백 명이 목숨을 잃었는데, 특히 TV로 해외소식에서 접한 중국 정저우시 지하철에 물이 들어차서 시민들의 목까지 잠기는 상황을 목도하고는 아연실색할 수밖에 없었다. 중국 양쯔강 유역은 해마다 태풍, 폭우 등으로 인근 지역이 물바다가 되는 곳인데, 2003년 건설된 세계최대의 수력발전소가 가동되는 싼샤댐은 그 엄청난 담수 능력과 최신설비에도 불구하고 최근 잇달아 붕괴의 불안한 조짐들이 보도되고 있다. 2020년 6월부터 시작된 5~6차례의 홍수로 총 23개의 수문 중 10개의 수문을 방류하여 초당 48,000㎥의 방류를 함으로써 댐 건설 이후 최대의 방류량을 기록했다. 당시 홍수로 26만 명의 이재민이 발생한 충칭시는 도시인구가 3천만 명으로 중국은 물론 전 세계에서 가장 인구가 많은 대도시인데, 시민들이 홍수 피해에 대한 걱정으로 불안에 떨어야 했다. 중국 관영 글로벌타임스는 "몬순 기후 영향으로 중국은 언제나 홍수와 가뭄에 시달려왔다"면서 "올해 중국은 우기가 길어지면서 특히 남부 지방에서 이례적으로 많은 강수량을 경험하고 있다. 양쯔강 수위는 1961년 이후 최고 상황"이라고 전했다. 그러면서 "기후변화가 극단적인 날씨 환경을 조성하고 있다"고 분석했다(국민일보 2020.8.20.). 한편 독일과 벨기에에서도 집중호우로 인해 여러 도시가 폐허가 되고 200여 명이 사망했으며 가까운 일본에서도 3일간의 집중호우로 산사태가 야기되어 1개 도시가 거의 토사에 묻히는 등의 대형 재난이 발생했다. 또한 그리스를 비롯한 남부 유럽도 대형 산불이 발생하여 주민과 관광객들이 선박을 동원해서 긴급 대피했고, 지구의 허파 역할을 하는 시베리아와 아마존의 울창한 밀림도 해마다 발생하는 산불로 계속 타들어가고 있어 소식을 듣는 이들의 가슴을 졸이게 한다.

　최근의 기록에 의하면 지난 7년은 인류 역사에서 가장 뜨거웠던 시기였는데, 특히 2021년 7월은 19세기 후반 지표면의 기온측정이 시작된 이래 가장 무더웠던 달로 기록되었다. 이러한 폭염은 지구 북극과 남극의 빙하를 녹여 해수면의 상승을 야기하고 이로 인한 해류의 흐름에 변화를 유발하여 해수면보다 낮은 지역에 거주하는 수많은 국민들을 불안에 떨게 한다. 특히 평균 고도가 해발 2~3m에 불과한 남태평양의 여러 섬나라들은 해수면 상승이라는 기후위기에 따른 국토의 침수피해에 대처할 능력이 부족함을 실토하고 자신들의 안전을 보장해줄 선진국가들에 편입되기를 희망할 정도로 극단적 상황에 몰려있다. 2021년 11월 4일 영국 글래스고에서 열린 제26차 유엔 기후변화협약 당사국 총회에서 화상으로 연설한 섬나라 투발루의 외교장관 사이먼 코페는 "물속에 잠긴 우리나라를 도와주세요"라고 호소하면서 허리까지 물에 잠긴 해안에서 연설하는 모습을 연출했다. 그에 따르면 투발루는 모두 8~9개의 섬으로 구성된 국가인데 그중 2개가 이미 물에 잠겨 사라졌고, 나머지도 이번 21세기 안에 모두 물이 잠길 것이라고 했다. 전 세계에서 기후변화의 현실을 매일 실감하며 살아가는 나라가 바로 투발루인데, 이미 2011년 '국토포기' 선언을 했으며 매일 만조 때 도시 일부분이 물에 잠기는 현실을 고려하여 주민의 상당수를 뉴질랜드로 이주시켜 놓은 상태라고 한다. 이러한 투발루에 이어 두 번째로 심각한 나라가 바로 얼마 전까지 우리나라 신혼부부들의 해외여행 1순위 국가였던 인도양의 산호섬 몰디브이다. 남북으로 길게 뻗은 1,200개의 산호섬으로 구성된 몰디브도 국토의 80%가 해발 1m 이하인데 현재의 해수면 상승률이 계속된다면 30년 후에는 몰디브도 지상에서 사라질 것이라고 전망하기도 한다. 유엔 기후변화위원회는 현재의 기온상승에 비례해서 그린랜드의 빙상이 녹아내릴 경우 2100년경에는 해수면이 최대 79cm 상승하게 된다고 하므로 몰디브가 그때까지 지상에 존재할 가능성은 매우 희박한 것으로 보인다. 이에 2009년 당시 모하메드 나시드 대통령을 비롯한 13명의 각료들은 수중에서 잠수복을 입고 국무회의를 하면서 기후위기의 심각성을 전 국민과 세계에 알려 충격을 더해 주었다.

기후위기 피해의 빈자 집중

기후위기는 전 세계 인류의 먹거리 생산을 비롯한 각종 자원의 채굴에도 심각한 영향을 미치고 있다. 온도 상승과 강수의 패턴 변화, 계속되는 광물자원의 채굴 등으로 많은 지역에서는 물 부족 현상이 심화되고 있어 농업용수는 물론이고 식수마저 부족한 곳이 점차 많아지고 있다. 세계보건기구(WHO)에 따르면 기후재난으로 현재 연간 15만 명이 사망하고 있고 2030년에서 2050년 사이에 여기에 매년 25만 명이 더 추가될 전망이라고 한다(2021.10.30. Climate Chang and Health, 김선철 16쪽에서 재인용). 2020년 3천만이 넘는 기후난민이 발생했는데 폭염과 홍수, 기근 등이 그 직접적 원인으로 2050년에는 이러한 기후난민이 2억 명으로 늘어날 것으로 예상된다. 2021년 한해 동안 기후재난으로 인한 금전 피해는 우리 돈 약 415조원으로 추계되지만 실제 피해액은 이보다 훨씬 더 클 것이며 그 피해의 대부분이 가난한 나라와 가난한 계층의 사람들에게 집중된다고 한다.

2) 기후위기 대응의 모색

"성장의 한계" 출간 50주년을 맞이하여 – 한국의 연구자와 운동가들의 문제의식 –

기후위기에 대한 선각자들의 인식은 올해로부터 꼭 50년 전인 1972년 무렵부터 현상적으로 드러나기 시작했다(이희환, 2022.3). 인천의 향토연구자 이희환에 의하면 1972년 3월에 출간된『성장의 한계』(도넬라 H. 메도스 외, 2019)는 1970년부터 미국 MIT의 데니스 L. 메도즈를 책임자로 한 17명의 연구팀이 18개월간 수행한 프로젝트의 결과물이었고 책의 부제는 '인류의 곤경에 관한 로마클럽 프로젝트 보고서'이다. 이 팀은 '월드3'라는 컴퓨터 모형을 이용하여 1900년부터 2100년까지 200년간 전 세계의 인구, 천연자원, 산업생산, 오염의 추세, 농업생산 등을 12개 가정상황으로 만들고 3가지 결론을 제시했다. 첫째 인구 및 경제성장 추세는 물리적 한계가 있다. 21세기의 어느 시기가 되면 천연자원, 식량, 인구, 산업생산 등이 무너질 것이며, 둘째 이러한 현재의 성장 추이를 경제적, 생태적으로 지속이 가능한 상태로 전환한다면, 이전보다 더 평등하고 공정한 사회가 되도록 해야 한다. 셋째 전환을 위한 일을 일찍 시작하면 할수록 지속 가능한 혁명이 성공할 가능성이 크다(이희환, 2022). 이러한『성장의 한계』출간팀의 결론을 되새기면서 한국에서는 올해 봄 인천에 기반을 둔 정기 간행물『황해문화』편집 및 집필진들이 철학자 진태원을 중심으로 한국에서 그 인식이 저조한 기후위기에 대한 심각성을 일깨우고 보다 친환경적이고 공정한 사회로 나아가기 위한 대안을 모색하는 취지에서 기후위기와 관련된 여러 연구자들의 주장을 모아서 특집을 편성했다. 관련된 구체적인 논의는 본고의 제2~3절에서 전개될 것이다.

2021년 8월 유엔 기후변화협약 당사국들의 협의체(IPCC)는 기후변화가 단순히 자연재난에 속하는 기상이변이 아니라, "인간 행위의 분명한 결과이며 이로 인한 부정적 결과가 지금에 와서 더이상 되돌릴 수 없는 상황에 다다르고 있다"는 요지의 보고서를 제출했다(2021 Weather, Climate and Catastrophe Insight). 유엔 사무총장 안토니오 구테흐스는 이를 두고 "인류에 대한 적색 경고(red code)"라고 말했다. 회의를 통하여 국제사회는 최악의 기후재앙을 막기 위해서 2100년까지 지구의 온도 상승을 1.5도 이내로 억제하기 위해서 단계적 계획과 목표를 제시했다(이희환, 2020). 한국도 '2050 탄소중립'(윤순진, 2021)을 선언하고 이를 달성하기 위한 각종 정책들을 추진하고 있다. 그러나 2021년 회의에서 각국이 제출한 온실가스 감축안을 종합하여 살펴보면 그 계획대로 실현한다고 해도 지구의 기온은 2100년 경에 산업화 이전보다 2.7도 정도 상승할 것이라고 예상된다.

기후위기의 원인은 무엇인가? - 단순히 화석연료가 주범인가? -

앞서 이미 부분적으로 몇 차례 언급한 바와 같이 자연적 현상으로서 기후위기는 단순한 물리적 자연적 이유 때문이 아니라, 자연현상에 인간의 행위가 복합적으로 연계되어서 초래된 현상임을 알 수 있었다. 즉 기후위기가 산업혁명 이후 화석연료 사용이 급증하여 대기 중의 온실가스 농도가 증가하고 이를 통해서 지구 기온이 상승해서 결국 기후 패턴이 변화하게 되었다는 사실에 대해 대다수 학자들이 동의하는 편이다. 또한 이같은 기후위기가 자연 생태계의 위기만이 아니라 현대인들이 당연시하는 경제 행위를 포함한 삶의 방식과 유기적 관련성이 있음에 대해서 대체적으로 합의하는 상황이다. 그러나 기후위기의 원인에 대한 이러한 인식(깨달음)을 좀더 구체적으로 하나씩 따져보면, 그 끝은 21세기 현재의 인류가 누리는 물질적 부(富)를 창출해온 자본주의 세계체제에 대한 긍정과 부정의 두 가지 대립적인 견해로 나뉘어짐을 알 수 있다. 이러한 대립적인 견해는 곧 기후위기의 원인에 대한 분석만이 아니라 그 해법, 즉 대응방식과도 일정하게 관련 된다.

첫 번째, 자본주의 체제에 대한 긍정 곧 자본주의 사회의 유지 또는 점진적 발전을 인정하는 입장에서는 기후위기의 원인을 화석연료 에너지원에 있다고 하는 점을 강조한다. 이러한 입장에서는 자본주의 경제가 발전하면서 온실가스가 급격하게 증가 배출되었고 이를 통해서 기후위기가 초래되었다는 점도 인정한다. 즉 자본주의라는 사회경제 체제의 구조적 효과를 부인하지는 않는다. 그러면서도 자본주의 시스템 자체가 기후위기의 중대한 원인이라고 생각하지는 않는다. 그러나 자본주의가 의도하지 않았으나 나타난 결과로 인식한다. 화석연료에서 온실가스 배출이 적은 태양 에너지나 풍력 기타 재생에너지 등으로 에너지원을 바꾸면 기후위기도 자연스럽게 감소시키면서 최악의 파국을 막을 수 있다고 하는 비교적 온건한 입장이다. 이러한 입장은 뒤이어 언급할 기후위기에 대한 대응, 즉 리질리언스(대응력, 적응력)의 강화를 위해서도 자본가 또는 기업주와 정부가 주도하는 자본주의 틀 속에서의 법 제도의 개정과 인프라 구축을 통해서 충분히 가능하다고 하는 입장이다.

두 번째, 자본주의 체제에 대한 근본적 회의(의문) 내지 부정의 입장에서 기후위기를 바라보는 관점이다. 이는 석탄, 석유 등 화석연료 사용을 통해 거듭 성장해온 자본주의 경제성장 시스템 즉 자본의 발전 논리를 기후위기로 현실화된 모든 재앙의 근본적이고도 가장 중요한 요인이라고 생각한다. 특히 자본주의가 추구하는 부단한 성장을 통한 이윤추구 시스템은 반드시 기후위기를 초래할 수밖에 없다고 본다. 즉 자본주의적 생산과 소비의 패턴이 에너지와 자원의 무절제한 소비를 초래하고, 이는 각종 오염물질과 폐기물을 배출하게 된다는 것이다. 따라서 기후위기는 자본주의 체제의 단순한 실수가 아니라, 자본주의 체제의 필연적이고도 불가피한 속성이라고 본다. 따라서 자본주의 생산, 소비 등 자본주의 경제사회 체제가 존재하는 한 기후위기는 결코 해결될 수 없는 문제라고 인식한다. 즉 자본주의 시스템을 유지하는 한, 기후위기 극복은 불가능하다고 보는 것이다. 그러므로 기후위기 리질리언스 모색도 자본주의 체제의 근본적 전환, 곧 자본주의의 폐지와 단절까지도 적극적으로 추구하는 특징을 갖게 된다. 그러나 실제로 기후위기 극복을 위해 추진해온 구체적 방법으로 따져보면 위 두 가지 주장들이 완전히 분리되거나 대립하지만 않고 서로 혼합된 모양을 지니게 된다. 이런 점은 뒤에서 자세히 부연 서술될 것이며, 필자도 이같은 종합적 총체적 분석에 바탕을 두고 싶다.

3) 기후위기 극복을 위한 대안으로서의 '정의로운 전환'

기후위기와 '정의로의 전환'의 개념화

기후위기를 극복하는 대안은 이 위기를 초래한 원인에 대한 진단(분석)과 밀접한 관계가 있다. 따라서 앞서 언급한 서로 다른 입장의 기후위기 리질리언스를 강조하는 주장들이 도출되는 것이다. 그러나 어느 쪽이든 목전에 닥친 기후위기를 극복하기 위해서 지금까지 인류의 삶을 위해 사용해온 물질적 에너지 자원의 변화와 이에 따른 생산방법의 변화는 물론 삶의 방식과 같은 사회적 가치의 변화도 뒤따라야 한다는 점은 공통적으로 인정하면서 전반적인 인류역사의 큰 전환을 이루어야만 한다는 점도 마찬가지로 인정한다. 이러한 근본적인 전환을 연구자들은 '정의로운 전환'으로 명명하였다.

김현우에 의하면 정의로운 전환은 미국의 석유화학원자력노동조합(OCAW ; Oil, Chemical and Atomic Workers Union)에서 활동했던 노동운동가 토니 마조치(Tony Mazzocchi)의 경험과 제안에서 출발했다(김현우, 2022.3).[5] 정의로운 전환의 대체적인 의미는, 노동자와 사회에 유해하고 지속 가능하지 않는 산업과 일자리를 안전하고 더좋은 일자리로 전환할 때 그 과정과 결과가 모두 공정해야 한다는 것이다. 이러한 마조치의 개념이 보다 대중적인 구호와 정책으로 바뀐 것은 2000년대 이후 노동 단체에 의해서였다. 2006년 창립된 국제노총(ITUC)은 처음부터 기후변화에 대한 노동자와 노동조합의 능동적 대안을 모색했고, 유엔의 기후변화 체제에도 적극적으로 개입했다. 이러한 움직임에 따라서 2009년 덴마크 코펜하겐에서 열린 제15차 기후위기대응 당사국총회(COP15)에서 최종 합의문(초안)에 '정의로운 전환'이 포함되기에 이르렀다. 또한 2015년 파리협정의 전문에 기후변화 대응은 "노동의 정의로운 전환과 괜찮은 노동과 양질의 일자리 창출이라는 원칙을 고려해야 한다."는 문구가 삽입됨으로써 '정의로운 전환'은 국제적으로 공식 인정된 개념이

---

5 김현우(2017), 노라 래첼·데이비드 우젤(2019) 등도 참고할 수 있다. 이하에서 정의로운 전환의 특징과 다양한 스펙트럼 등에 대한 서술은 김현우의 주장에 따랐다. 한편 이창근(2022: 73-74)은 '정의로운 전환'을 단순하게 정의하면, "고탄소 사회에서 저탄소 사회로 이행하는 과정이 '모두를 위해 공정하고 정의로와야(fair and just for all) 한다'는 원칙이라고 하였다.

되었고 한국에서도 사용되기 시작했다.

정의로운 전환은 노동자와 지역(공동체)이 갖는 취약성의 제반 측면들, 예를 들면 일자리와 관련된 불확실성, 상실의 위험성, 비민주적 의사결정 과정의 위험성, 광역 경제와 지역 경제의 황폐화 위험 등을 알리고 이를 방지하자는 정책 제안이다. 또 환경 정의 및 기후 정의 운동에서 출발하여 지역, 계층, 인종, 성(젠더) 등에 따른 사회경제적 불평등을 해소하려는 사회적 전략으로 발전하고 있다. 그리하여 정의로운 전환의 개념은 유엔과 미국 민주당 정권의 정책 원칙으로 정착했다.

'정의로운 전환'의 주요 특징과 다양한 접근 관점

미국에서는 "정의로운 전환 듣기 프로젝트(JTLP ; Just Transition Listening Project)"를 통해서 이제껏 소외되고 배제되었던 노동자와 지역공동체의 목소리를 경청하면서 다양한 전환의 사례를 파악했다. 이에 따르면 정의로운 전환의 특징은 다음의 4가지 정도로 요약된다. 첫째, 전환은 불가피하며 기후위기와 팬데믹 이전에도 경제 전반에 걸쳐 지속적으로 발생하고 있었다. 둘째, 기업체, 시장 권력, 근시안적인 공공정책 등을 통해서 주도된 과거 불완전한 전환들로 인해 다수의 노동자와 공동체들은 거의 또는 전혀 지원을 받지 못하고 뒤에 남겨졌다. 셋째, 기존의 전환 정책들은 파편화되고 부적절하여 인적 자본의 파괴와 사회, 환경 정책에 대한 깊은 반대와 성찰을 초래했다. 넷째, 전환에 대한 개인적 집단적 이해는 계급, 성별, 직업 유형, 연령, 인종, 정치적 이념, 환경운동가 또는 기후 정의 운동에 대한 이전의 경험, 노동조합 및 공동체와의 관계에 따라서 광범한 스펙트럼 속에서 다양한 형태로 나타난다.

지금까지의 연구성과를 통하여 의미있는 정의로운 전환의 전략은 대략 7가지 정도의 원칙으로 정리될 수 있다. ⓐ탄소 잠김이나 더 많은 패배자를 배출하지 않기, ⓑ적극적인 탈 탄소화 정책 강조, ⓒ산업 또는 생산시설의 폐쇄나 축소에 영향을 받는 노동자, 가족과 이들이 기반으로 하는 공동체에 대한 지원, ⓓ영향받는 지역들에 대한 지원, ⓔ포괄적 투명한 계획 절차를 보장할 것, ⓕ기존의 사회적 경제적 불평등 해결, ⓖ환경피해를 복원하고 관련 비용들이 민간부문에서 공공부문으로 이전하지 않도록 할 것 등이다.

정의로운 전환은 새로운 전략이라기보다는 노동운동의 전개 속에서 사회적 노동조합주의가 생태위기와 접속하면서 형성된 리질리언스(대응)의 이념과 프로그램으로 이해할 수 있다. 현재 '정의로운 전환 공동연구회(JTRC ; Just Transition Research Collaborative)'에서 논의되고 있는 정의로운 전환은 현상유지적(Status quo) 접근, 개혁관리적(관리개혁적, Managerial reform) 접근, 구조개혁적(Structural reform) 접근, 변혁적 (transformative) 접근 등 4가지 관점으로 분류되고 있다.[6] 그런데 이러한

---

6 이창근은 앞의 글(2022: 74)에서 4가지 접근방식을 구체적으로 다음과 같이 풀이하고 있다. 현상유지 접근과 관리개혁 접근은 기존체제 유지에 가깝고, 구조개혁 접근과 변혁적 접근은 기존체제 개혁 또는 재구조화 입장이다. **현상유지 접근**은 기존체제를 최대한 유지하면서 탈탄소 사회로의 전환과정에서 영향받는 노동자에게 고용유지, 재배치, 보상 등 피해자 구제를 중시한다. **관리개혁 접근**은 기존체제에 도전하지 않지만, 그 내에서 고용기회, 작업안전 등에 대한 새로운 규칙과 노동기준 마련을 주장한다. 사회적 대화와 노사정협의도 강조된다. **구조개혁 접근**은 기존체제에 대한 제도적 변화와 구조적 개혁을 추진하면서 분배적 정의와 절차적 정의를 추구하는 입장이다. 정의로운 전환을 단순한 피해자 구제와 보상을 넘어서는 문제로 인식한다. 과학기술과 시장에 의존하지 않고 민주적 참여와 정책결정, 집단적 소유와 관리 등을 강조하며, 사회적 대화보다는 사회적 권력관계 재편을 중시한다. **변혁적 접근**은 사회, 환경 위기를 불러온 자본주의 정치경제 체제를 근본적으로 바꾸어야 한다는 입장이다. 노

접근 중에서 어느 하나가 다른 것들보다 우월하며 유일한 정당성을 갖는다거나 유효하다고 단순하게 판단하기는 어렵다. 왜냐하면 정의로운 전환의 주체여야 하는 민중이 처한 현실이 국가별, 지역별로 차이가 크므로 전환과정의 공정성을 논할 때의 강조 요소가 달라질 수 있고 이에 따른 전환의 장기적, 단기적 목표가 달라질 수 있기 때문이다.

　자본주의 체제 유지 및 발전을 전제로 한 '정의로운 전환' 논의들
　이에 해당하는 접근방식은 앞서 언급한 첫째~셋째의 논의들이 이에 포함될 수 있다. 곧 JTRC가 분류한 현상유지적 접근, 개혁관리적 접근, 구조개혁적 접근 등이다. 첫째 현상유지적 접근은 기후위기 영향을 받는 사람들에 대한 보상에 중점을 두는 방식이다. 자본주의 기업이 중심이 되고 주도하는 저탄소사회로의 전환에 해당되며 녹색성장의 일부도 포함된다. 둘째 개혁관리적 접근은 헤게모니, 즉 자본주의 권력에 도전하지 않고 기존 자본주의 경제 체제 내에서 공평과 정의를 개선하는 것을 중심 목표로 삼는 방식으로 사회적 대화와 협의를 중시한다. 국제노총 등 노동자 공식 단체들이 대개 이런 입장에 속한다. 셋째 구조개혁적

동과 계급 문제뿐만 아니라 인종주의나 가부장제 같은 다양한 억압으로부터 해방, 평등과 민주주의에 기반한 사회체제 형성을 주장한다. 필자는 이창근의 풀이에 대체로 동의한다. 그러나 4가지를 크게 둘로 분류하는 방식에서 다소 차이를 두려고 한다. 즉 변혁적 접근과 그 밖의 다른 접근 방식으로 대별하고자 한다. 그 이유는 우리사회의 모든 측면에서, 특히 정치경제적 구조의 측면에서 변혁적 접근 방식은 일단 그 운동이 적극적으로 추진될 경우, 대전환의 과정에서 급격하고 엄청난 혼란을 초래한다는 점에서 다른 방안들과 달리 이로인해 전환의 과도기에서 약자요 빈자인 민중들에게 미칠 피해가 엄청나게 집중될 것이고, 또 실제로 그 실현가능성이 극히 낮다고 여겨지므로 제도권 내의 개혁을 추구하는 우리팀 연구자들이 부분적으로 동의하고 수용할 수 있는 부분이 존재하지만, 본격적으로 적극 검토할 수 있는 방식이 아니기 때문이다.

접근은 자본주의 경제체제의 구조적 개혁을 추구하면서 동시에 분배적 정의와 절차적 정의가 모두 지켜져야 함을 강조한다. 여기서 분배적 정의란 구체적으로 자본가와 선진 국가에서 기후위기를 유발한 책임을 지고, 기후위기의 직접적 영향을 받는 제 3세계 가난한 국가들에게 물질적 금전적 보상을 하는 것을 말한다. 절차적 정의란 정의로운 전환을 통해 기존의 공해 산업이 친환경 산업으로 전환하는 과정에서 논의될 구체적인 의제에, 기후위기의 직접적 피해자인 가난한 국가들과 노동자, 농민 등 민중이 주도적으로 참여하여 전환과정에서 발생하는 실업, 봉급의 감소 등 예상되는 제반 경제적 피해를 최소화 해나가는 과정(절차)의 공정성을 확보하는 것을 말한다. 또한 이러한 전환과정에서 단순히 피해자 보상 및 구제의 차원을 넘어, 과거의 잘못된 제도와 구조 자체에 대한 개혁을 도모하는 것도 포함된다. 노동자 에너지 협동조합이나 비영리 시민협동조합, 에너지 민주주의를 위한 노동조합(TUED) 등의 단체가 표방하는 방안이다. 다만 이 방안은 다음에 소개할 변혁적 방안의 이념과 지향점이 일정하게 겹쳐진다고 볼 수 있다. 즉 정치 헤게모니(권력) 장악 측면에서 공식적으로 자본주의 체제의 전복이나 폐기 등을 당장 시도하지는 않는다는 점에서 일단 자본주의 체제 내에 포섭되지만, 장기적으로는 자본주의 체제의 대대적 수정 내지 보완을 목표로 설정하고 이를 점진적으로 실천해간다는 점에서 일종의 온건한 변혁적 방안이라고도 분류할 수 있다.

이상에서 언급한 논의들은 몇 가지 오해나 비판을 초래할 수도 있다. 정의로운 전환은 원래 '위기 속 기회의 담론'이라고 할 수 있는데, 앞서 언급한 첫 번째 접근방식, 즉 현상유지적 접근은 이 담론이 정규직, 백인 남성 노동자 등 전통적인 제조업에 다가오는 위기에 대처하면서 이들의 노동과 삶의 존재 방식을 그대로 유지하려는 방식이 아닌가 하는 오해를 살 수 있고, 실제로 그러한 면도 있다고 할 수 있다. 두 번째 논의인 개혁관리적 접근방식도 자본주의의 성장 논리를 부정하지 않는다는 점에서 다분히 보수적이고 방어적인 논리라는 비판에 직면한다. 그러나 기후위기를 직감하기 시작하던 때에는 결코 보수적이라고 평가되지 않았다. 1970년대 초반 루카스 항공사의 노동자 연합위원회는 군수 무기를 만드는 대신에 사회적으로 유용하고 평화적인 제품 생산으로 전환하면서 고용 보장과 생산의 전환을 이루고자 시도했다. 노조 측의 이런 전환 계획은 경영자 측의 협상 거부로 무산되었다. 그러나 기후위기 시대를 실감하는 2022년 현재에는 노동과 생산의 전환에 상당한 영감을 제공해준다. 스테파니아 바르카가 말하는 유럽적 차원에서의 녹색성장의 논리는 기본적으로 개혁관리적 접근에 속한다. 그러면서도 일부 구조개혁적 요소도 포함되어 있다. 스테파니아에 따르면 유럽적 수준에서 정의로운 전환은 교통 및 건설 부분에서의 블루칼라 일자리 창출 및 청정에너지 사용을 위한 공공투자와 세금 인센티브에 기반한 것으로 '녹색성장'을 표방한다. 그러나 이러한 전환 논의는 세계적 범위에서 인종화, 젠더화된 노동 분업의 지속에 기반하면서 녹색 양식을 갖는 자본주의와 임노동의 지속을 더욱 강하게 고착하는 측면이 있다고 평가된다. 동시에 급진적인 대안에 대한 진지한 토론을 배제하며 이에 따라 생태적, 사회적 불평등의 구조적 원인을 효과적으로 몰아낼 가능성도 봉쇄한다는 것이다. 즉 자본주의 체제 옹호에 효과적으로 동원되는 그럴듯한 운동전략이라는 것이다. 그렇지만 자본주의 체제의 폐단을 효과적으로 불식하고 좀더 생산적인 정의로운 전환을 위한 담론을 추구할 때에 탈성장과 돌봄 노동의 주류화 등의 제안이 현실적으로 유효한 전환의 방법이 될 수 있다고 본다.

　한국의 기후위기 대응전략인 녹색성장(그린뉴딜)의 실상

　미국과 유럽의 성장 전략과 마찬가지로 2020년 현재 한국의 기후위기 대응전략, 즉 생태 환경 리질리언스의 구체적 내용도 '녹색성장'으로 요약된다. 한국 정부의 기후위기 대응은 미국 유럽 등 선진국들에 비해서 상당히 늦었고 다소간 수동적인 것으로 평가된다. 이미 2020년 우리나라 국회의원 총선거에서 집권당인 민주당, 녹색당, 정의당 등이 2050년 넷 제로와 2030년 탄소 배출량 감소 등을 공약으로 제시했다. 2020년 7월 문재인 정부는 관계부처 합동회의에서 한국판 뉴딜 종합계획을 확정 짓고 발표했다. 그 구체적 내용은 "탄소 의존 경제에서 저탄소 경제로, 추격형 경제에서 선도형 경제로, 불평등사회에서 포용사회로 도약한다."는 등의 국가전략 발전 계획을 표방한 것이다. 이러한 녹색성장 발전 전략은 세부적으로 보면 그린 뉴딜과 디지털 뉴딜이라는 2가지로 제시되었는데, 기후위기에 대응하는 그린 뉴딜에 경제적 디지털 뉴딜을 섞어서 글로벌 경제 선도를 위한 국가발전 전략을 삼는 것이다. 여기서 저탄소 사회로의 변화를 2050년 '탄소Zero'로 향해 가는 과도기적 목표로 삼은 듯한데, 어떤 방법으로 이탄화탄소의 배출을 0으로 감축할 것인지 구체적 방법과 단계적 목표 등이 생략되어 있다. 현재도 각종 토건사업을 여전히 추진 중인 정부에서 제시하는 '탄소 중립(0)'의 목표가 환경단체 운동가들에게 제대로 된 설득력을 얻지 못하고 있다. 환경단체들은 녹색성장(그린 뉴딜)이 아니라 대기업에 의존하는 정의롭지 못한 '회색 뉴딜'의 수준에 머물고 있다고 비판한다. 이러한 비판에도 불구하고 문재인 정부는 2020년 10월 '지역과 함께 하는 한국판 뉴딜'의 본격

추진을 위한 '제2차 한국판 뉴딜 전략회의'를 개최하고 한국판 뉴딜을 중앙에 그치지 않고 지역으로 확장시킨 '지역균형 뉴딜'을 발표했다. 이 회의에 전국 17개 시도지사가 처음으로 한자리에 모여 녹색성장에 대해 논의하고 이를 실행하기 위한 토론의 첫걸음을 걸었다는 점에서 의미가 있다고 본다. 주요 내용은 디지털, 그린 뉴딜 관련 규제자유 특구를 지정하는 것을 확대 실시하고 공공기관의 역량을 활용해서 선도사업을 발굴하는 한편 혁신도시와 도심융합 특구를 지역균형 뉴딜의 거점으로 발전시켜 나간다는 것이다. 이때 강원도는 동해, 삼척, 강릉에 지정된 '액체수소 규제자유 특구'를 기반으로 '친환경 액체수소 에너지'를 개발하여 신산업 성장을 추진하겠다는 계획을 제시했다. 전라남도는 '해상풍력발전단지'를 조성해서 에너지 산업을 발전시키고 상생형 일자리를 만들겠다고 했으며, 제주도는 공존과 청정의 제주 비전과 뉴딜을 연계해서 신재생 에너지 산업을 육성하겠다고 했다. 경상남도는 동남권 메가시티와 스마트 그린 뉴딜을 결합시킨 스마트 그린 뉴딜을 추진할 것을 제시했다. 그러나 일부 언론에서는 이 계획들이 구체적 내용이 부족한 '보여주기식 행정'이라고 비판하면서 경제성 심사를 면제하고 재정을 지원해주는 것도 선거용 선심성 공약이 아닌가 하고 비판했다. 전체적으로 볼 때 한국판 그린 뉴딜은 경제성장의 페러다임에 기초하여, 지역사회 균형 발전의 논리가 그린 뉴딜의 주된 확산요소로 작용하는 성장위주의 온건한 생태 환경 위기대응 전략이라고 할 수 있겠다. 따라서 한국의 그린 뉴딜은 생태 환경에 대한 위기극복 의식이 부족한 경제성장의 논리일 뿐이라는 비판을 받고 있다.

자본주의 폐절과 새로운 권력조직의 수립을 목표로 한 '정의로운 전환' 논의

이 접근법은 기후위기의 근본적이고 중요한 원인을 '자본주의 이윤추구 지상주의'가 빚어낸 인간의 탐욕임을 명백하게 드러내고, 기후위기로 인해 인류가 겪는 여러 가지 피해의 직접적 원인을 '자본주의 체제의 존속'에서 찾는다. 따라서 즉각적이고 철저한 자본주의 체제의 폐기 및 자본주의와 단절된 새로운 사회 체제에 입각한 권력조직을 새로 만들거나, 기존 자본주의 권력관계를 종식 또는 해체하는 것을 목표로 한다. 이는 기후위기를 계기로 드러난 자본주의 체제의 폐단을 근본적으로 급진적이고 철저하게 폐지하려는 것을 의미한다. 이점에서 변혁적 접근법은 자본주의의 성장이론을 철저하게 부정하고 오히려 '탈성장'에 입각한 분배의 정의를 엄격하게 추구한다. 이렇게 할 때만 인간과 환경의 관계를 정상적인 상태로 전환할 수 있다고 본다. 세계적으로 보면 원주민 환경 네트워크(IEN), 정의로운 전환 동맹(JTA), 여성환경개발기구(WEDO) 등이 이러한 변혁적 방안을 모색하고 있으며 여러 조직들로 확산되고 있다. 그러나 명확한 이념에 비해 구체적 추진 방안이나 활동의 성과는 아직 미미하거나 모호한 것으로 평가되고 있다. 또한 각 나라와 공동체마다 노동자, 농민 등 기후위기의 직접적 피해를 받는 민중이 처한 사정이 서로 달라서 아직까지 이 변혁적 접근법은 노동조합 등 민중단체에게 그다지 큰 호응을 받지 못하고 있다. 그렇지만 변혁적 접근법은 현재도 꾸준히 기후정의 운동가들에 의해서 전개되고 있다.

2002년 '발리 기후정의 원칙'으로 그 모습을 드러낸 국제 기후정의 운동은 1990년대 후반부터 세계 각지에서 펼쳐진 사회운동과 환경운동의 결과로서 시작되었다. 기후정의 운동은 신자유주의 지구화로 가속화

된 남반구에 대한 채굴 산업의 수탈에 맞서고 자본의 이해에 호응하는 탄소배출권 거래제와 같은 시장주의적 해결책에 반대하면서 결집해갔다. 2009년 코펜하겐 유엔기후변화 협약당사국 총회 장소의 바깥에서는 "기후변화가 아닌 체제변화"라는 구호를 내걸고 10만 명이 운집했다. 코펜하겐 기후협상이 실제적으로 좌절된 후 2010년 기후정의운동은 '코차밤바 민중회의'를 열고 '민중협정'을 채택한다. '민중협정'은 탄소배출권 거래제, 숲이나 대기와 같은 공유제의 상품화 등을 반대하고, 기후난민은 보호하며 북반구 국가들의 기후부채 이행을 촉구했다. 무엇보다도 기후변화의 근본 원인으로 자본주의 체제를 지목했다. 젠더, 인종, 계급, 식민주의적 분할선에 따라 불평등한 권력 관계 아래에 놓인 이들에게 기후변화의 피해가 집중되고, 기후변화의 근본 원인이 이러한 권력 관계를 배태하고 강화하는 '자본주의'라는 것을 명백하게 선언했다. 이러한 국제 기후정의 운동은 2015년 파리협정에 와서 일정한 성과를 도출했다. 파리협정 전문에, '정의로운 전환', '기후정의', '인권과 취약한 위치에 놓인 사람들의 권리와 발전권' 등이 명시된 것이다. 비록 선언적 수준에 머물고 있지만 최소한 기후정의운동이 이념적으로나마 자본주의 국가가 회원의 대다수를 차지하는 국제협정에서 그 용어들이 분명히 사용되고 있음은 상당한 진전이라고 할 수 있다. 그러나 이러한 협정의 전문과는 달리 실제로 논의되고 채택된 구체적인 방안들은 탄소중립 개념을 통한 시장주의 해결책에 불과했다.

변혁적 접근법을 대표하는 용어 중의 하나인 '기후정의'는 승인적, 회복적, 분배적, 절차적 측면에서 모두 정의로운 것을 추구하는 기후위기에 대응하는 리질리언스이다. 여기서 자본가적 이해를 대변하는 대다수의 국제협정에서 취급하는 것은 분배적 정의에 불과한데, 그마저도 앞서 살펴본 바와 같이 실질적인 탄소 감축의 효과를 내지 못하는 '현상은 폐' 내지 '현상전이'에 불과한 것으로 본다. 절차적 정의는 기후위기에 관계되는 모든 당사자들(책임자, 피해자 모두 포함)이 의사결정과정에 동등하고 실질적으로 참여할 수 있을 때 비로소 달성되는 정의이다. 승인적 정의는 인지적 정의라고도 하는데 기후위기를 초래한 책임의 차이를 인정하는 것이고, 회복적 정의는 실질적 정의라고도 하는데, 기후위기를 초래한 책임의 차이를 인정함에 따라서 실제로 피해를 회복하는 데 노력하는 실천이 이루어지는 것을 말한다. 이러한 요소들로 구성되는 기후정의에서 가장 중요한 것은 '분배적 정의'라고 할 수 있다. 절차적, 승인적, 회복적 정의는 이러한 '분배적 정의'가 공정하게 이루어지기 위한 사전적, 사후적 과정의 성격이 크다고 본다.

'분배적 정의관'은 정량화된 물질적 재화의 분배를 넘어, 인권과 역량의 증진, 권력의 재분배라는 비물질적 가치로 확대되어야 한다. 절차적 정의와 회복적 정의는 그러한 확대의 반영으로 실현되는 것이다. 그러나 국제협정을 통해서 이처럼 비물질적 가치도 정량화된 방식으로 즉 비용과 같은 문제로 축소되었다. 10여 년 전부터 유엔은 '기후위기'로 인한 '인권침해'라는 문제설정을 통해서 물, 주거, 생계, 건강, 식량 등에 대한 권리가 침해를 당하는 문제를 다루기 시작했다. 그러나 실제 회의의 결론은 침해를 당하는 인권에 대해 적절한 수준의 재화를 공급하는 것으로 이해되어 버렸다. 사실상 피해를 야기한 북반구 기업들과 국가들의 정치적 윤리적 책임에 기초한 물질적 배상과 피해의 회복에 그쳤고, 근본적 보상이라고 할 수 있는 남반구 주민들의 자결권 회복은 아무런 언급도 없었다. 따라서 이른바 '제3세대 인권'이라고도 불리는 깨끗한 환경과 적절한 기후를 회복하여 누릴 수 있는 권리는 실현되지 못하고, 단지 인도주의적 구호 물품을 제공하거나 서비스 활동을 받는 선에서 그치고 말았다. 권리는 소유물이 아니라 관계이다. 따라서 권리의 증진은 평등하고 자유로운 타인과의 사회적 관계 속에서 구성되고 증진될 수 있는 것이다. 예를 들어 '주거권'은 거주를 중심으로 사회적 관계와 장소를 지속하고 넓힐 수 있는 가능성과 역량에 대한 권리이다. 따라서 얼마나 넓은 집에 사는 것도 중요하지만 쫓겨나지 않을 권리가 더욱 중요하다. 기후위기를 야기한 구조와 제도, 권력의 문제를 직시하지 않는다면 피해, 책임, 비용의 문제는 진정으로 실현되지 않을 것이므로 분배 문제를 현실적으로 중요시하면서, 권리와 역량의 실현을 규정하는 권력 관계에 기본적인 변화와 전환을 가져와야만 한다. 권력관계의 변화 없이 우리가 논의할 수 있는 것은 기후위기와 불평등이라는 증상뿐이다.

인권운동가 정록의 변혁적 접근 : '기후정의'의 근본적 실현

한국에서는 인권운동가 정록 등의 논의가 있다. 정록의 주장은 '기후위기'를 '기후정치', '기후정의' 및 '기후정의운동' 등과 관련하여 구조적으로 인식한다는 점이 특징이다. 그는 말하기를, "기후재난이 북미와 유럽 같은 북반구에도 들이닥치면서 장기 비상사태로서 기후위기 시대를 살아가기 시작했다는 사실을 선진국도 받아들이고 있으나, 기후위기에 대응하기 위한 사회변화가 무엇인지 체감하기 쉽지 않다. 내 삶이, 사회가 어떻게 바뀔 수 있고 바뀌어야 하는지 묻는다면 여전히 공허하다."고 했다. 정록은 현재 기후위기에 대한 대응의 동력이 녹색 자본의 '돈벌이 욕망'과 정부의 '국가 경쟁력 강화'에서 나올 뿐이라고 지적하면서, 민중이 기후위기 대처의 주체가 되어 근본적인 사회개혁을 추진하

고 있지 않음을 비판했다. 정록은 기후위기의 직접적 원인으로 주목되는 대규모 온실가스 배출의 원인이 무엇인지, 빠른 에너지 전환과 배출량을 0으로 만들기 위한 적절한 방안이 무엇인지, 산업전환 과정에서 부담과 책임을 누가 질 것인지 등을 둘러싼 '민중 중심의 기후정치'가 필요하다고 역설했다.

이러한 기후정치야말로 구체적이고 근본적인 사회변화의 방향과 속도를 결정할 것이라고 보고, 기후정치에서 가장 중요한 것은 정의와 불평등의 문제라고 하였다. 여기서 정록이 말하는 불평등은 신자유주의 이후 심화된 사회적 불평등을 말하는 것으로, 과다한 화석연료 사용으로 인해 발생한 '기후위기'라는 자연재해 상황이 이러한 불평등에 결합된 상태라는 것이다. 따라서 가장 중요하고 바람직한 기후위기 대응의 방법은 기후위기를 초래한 근본 원인인 불평등한 자본주의 권력 관계를 해소하는 것이라고 주장했다. 정록은 기후위기로 초대된 사회적 불평등의 심화 현상을 '기후 불평등'이라고 했다. 사회적 약자들이 기후위기로 인한 재난의 피해를 더 크게 받는다는 사실을 지적하면서 기후위기를 초래한 원인과 결과를 살펴볼 때 이러한 결과의 책임은 당연히 자본가와 자본주의 국가권력에게 있음을 명백히 지적했다.

정록은 기후위기의 책임규명을 위한 구체적 검증방법으로 온실가스의 배출량에 대한 국가별 현재의 연간 배출량과 18세기 말부터의 누적 배출량 등을 거론했다. 2021~22년 현재 연간 온실가스 배출량은 중국(29%), 미국(14%) 순인데, 이 상위 2개국의 배출량이 총배출량의 절반에 육박하고 있으며, 상위 20개국의 배출량은 총배출량의 75%에 달한다. 또한 18세기 말 산업혁명 시대로부터 지금까지 누적 배출량을 따져보면 미국(25%), 중국(12.7%) 순으로 미국이 압도적이고, 대륙별로는 유럽

(33%)과 북미(29%)가 절반 이상을 차지한다. 이처럼 국가별 온실가스 배출량을 산출하여 해당 국가의 책임을 묻는 방식에는 한계가 많아서, 1인당 배출량, 상품의 실제 소비처를 바탕으로 보정한 배출량 등의 계산 방법이 추가로 도입되어야 한다. 2015년 기준 1인당 온실가스 배출량으로는 미국(16.21톤), 한국(12.54톤)에 이르는데, 국가별 배출량이 가장 많았던 중국은 1인당 6.92톤, 국가별 배출량 3위였던 인도는 1인당 1.84톤에 불과하여 한국과 미국에 한참 미치지 못하는 결과가 나온다. 여기에 상품 수출입량을 고려하면 최대 소비시장인 미국은 국내 배출량(14%)에서 6.7%를 더해야 하며(=보정결과20.7%), 중국은 세계의 공장이지만 국내 배출량(29%)에서 13.3%를 뺀 15.7%의 보정값을 갖게 된다. 결국 1인당 배출량과 상품 수출입량 등을 고려한 보정결과는 온실가스 배출의 주범이 자본주의 선도국가인 미국이라는 사실을 명백히 드러낸다고 주장한다.

2021년 9월 유엔기후변화협약(UNFCCC)이 발표한 「국가별 온실가스 감축목표(NDC) 종합보고서」에 의하면, 191개국 중 164개국이 제출한 감축 목표를 종합해보면 2030년 온실가스 배출량은 2010년에 비해 16.3%가 늘어날 것으로 전망되었다. 감축 계획을 모았는데 예상 배출량이 오히려 증가된 이유는 유럽과 북미의 선진국가들이 제출한 감축 목표치가 브라질, 인도, 중국과 같은 개발도상국에 전가되었기 때문으로 말한다. 환언하면 북미와 유럽은 자국 내에서 온실가스 배출량을 감축하기 위해서 온실가스가 발생하는 상품을 생산하는 대신에 타국에서 수입하기 때문이다. 이러한 온실가스 배출의 전가 상황을 개도국인 인도와 중국은 거부하지 않고 있으며, 오히려 이를 경제성장과 개발의 동력으로 적극 수용하고 있다. 2021년 11월에 개최된 유엔 기후변화협약 당사국총회

(COP26)에서 중국은 2030년까지는 감축이 불가능하다고 했고 인도는 아예 감축 목표치 제출 자체를 거부했다. 총회 개최국인 영국은 1990년 대비 68% 감축안을 냈는데 이는 자국 산업을 이전의 이른바 굴뚝 산업에서 금융과 서비스업 중심으로 개편하면서 상품 대부분을 수입하기 때문에 이런 감축 수치가 나올 수 있게 된 것이다. 이와 같은 '생태적 전가'는 선진국에서 소비된 자연자원을 가리키는 지표인 '재료 발자국'을 계산해보면 선진국의 국내 물질(재료) 소비량은 표면적으로 감소하지만, 수입하는 상품을 더해 재료 발자국을 합산해보면 실질적인 재료 소비량은 실질 GDP(국내총생산)의 우상향 곡선을 보여주는 그래프와 유사한 것을 보면 확실히 입증된다. 따라서 이러한 결과를 미리 예상하고 온실가스 감축의 효과를 보기 위해서 좀더 강력한 감축 목표를 재설정해야 한다는 목소리가 높아졌다. 2018년 인천에서 개최된 IPCC는 특별보고서를 통해서 2030년 배출은 2010년에 대비하여 최소 45% 이상 감축해야 한다고 했다. 이러할 때 지구의 평균기온이 1.5도 정도 상승하는 한도 내에 묶어둘 수 있다고 했다.

정록은 온실가스 배출의 책임을 국가 차원이 아니라 집단 또는 계층의 측면에서도 규명했다. 글로벌 부르조아지로 불리는 세계 상위 10%에 속하는 부유층 6억3천만 명은 1990년부터 2015년까지 25년간 탄소 누적배출량의 52%를 차지했고, 탄소 예산의 31%를 사용했다. 이에 비해하위 50%에 해당되는 31억명은 누적배출량의 7%, 탄소 예산의 4%만을 사용했다. 이 기간 놀라운 경제성장을 거듭하고 있는 중국과 인도의 경우도 마찬가지였다. 이들 국가의 상위 10%는 탄소 배출량 증가의 46%를 차지했으며, 하위 50%의 배출량은 증가가 아닌 4.7% 감소를 기록했다. 이러한 사실은 기후위기에 따른 탄소 불평등의 적나라한 현실과 그 책임이 어디에 있는지를 잘 보여준다. 여기서 북반구의 대부분 인구가 소득 중상위층에 속하고 남반구 인구의 다수가 소득 하위층에 속한다는 사실을 고려할 때, 기후위기의 원인과 책임은 북반구 선진국가들의 부유층이 많이 져야 하고, 피해를 집중적으로 당한 남반구 개발도상국의 국민들에게는 탈탄소 전환 지원이나 기후부채의 상환 등을 통하여 그 피해에 대한 보상을 해주어야 마땅하다. 이러한 분석의 결과를 토대로 2020년 옥스팜 연구보고서는 전 세계의 기후위기는 극심한 탄소 불평등 수치를 통해 그 책임이 입증된 소득 상위 10%에게 가장 엄중하게 추궁되어야 한다고 결론지었다. 그런데 옥스팜 보고서의 해결책은 탄소 배출에 따른 비용을 그 만큼 더 내라는 것뿐이다. 구체적으로 상위 계층의 소비행태와 생활방식을 드러내는 개인전용 비행기, 고급 항공편, SUV 차량 등에 부유세와 탄소세 등을 부과할 것을 주장하면서, 이를 통해 확보된 재원은 탄소를 줄이는 공공정책에 사용할 것을 제안했다. 정록은 이 같은 옥스팜의 제안에 대해 불만을 노골적으로 드러냈다. 기후위기라는 전대미문의 위기와 극심한 탄소 불평등에 대한 해결책으로 직접적인 탄소 배출 규제를 가하는 것이 아니라 그저 돈을 조금 더 내라는 방식은 '부유층 편의주의'에서 나온 생각으로 탄소배출 감소에 전혀 도움이 되지 않는다는 것이다. 2021년 유엔 기후변화협약 당사국 총회가 열린 글레스고 공항에 회의 참석차 유명 인사들이 타고 온 개인 전용기가 무려 400대나 있었다고 하는 사실은 기후위기에 대응하는 부유층의 위선적이고 안일한 자세를 잘 보여준다고 할 수 있다. 정록은 국제기후 협상장에서 논의된 '탄소 중립'의 목표도 시장주의적 방식으로 논의했다고 비판했다. '탄소 중립(Net Zero)'은 산림, 해양 같은 지구시스템 속에서 자연적으로 흡수되는 탄소량에 대한 추정 속에서 인간이 배출하는 온실가스를 자연흡수량 이내로 줄여야 한다는 것이다. 그러나 국제 기후협상장에서 거론된 대안은 지구시스템에 의한 자연적 탄소흡수를 자본투자를 통해 인위적으로 늘리고 조절하자는 공학적 방식에 의존하였는데, 2015년 파리 기후협정 이후 광범위하게 시행되는 '신규조림과 산림복원을 위한 탄소감축제도(REDD+)'와 같은 것이었다. 기업들이 탄소배출권을 획득하기 위해서 성장이 빠른 단일수종으로 숲을 조성하는 데에만 몰두하다 보니 해당 지역의 산림보호나 생물다양성 보호 등과는 전혀 거리가 먼 환경파괴 사업으로 변질되고 있다는 말이다. 이처럼 다소 엉뚱하고 황당하기까지 한 방법으로 지난 30년 동안 국제기후체제는 그 효용성이 지극히 의심스러운 자본가적 탄소 감축 방안들을 마련해서 실시했고, 그 결과 탄소 배출량은 줄어들기는커녕 인류가 배출한 탄소의 절반 정도가 이 기간에 쏟아져 나와 기후위기는 더욱 증대되었다. 그리고 탄소 배출량의 절반은 소득 상위 10%의 계층에게서 나왔다. 이러한 극심한 탄소배출 불평등에도 불구하고 누구도 탄소배출의 책임이 무거운 이들을 제어하지 못했는데, 이는 압도적인 권력 불평등 때문이라는 것이다. 이러한 권력 불평등에 의해서 지금도 계속되는 기후위기에 대한 엉터리 대응은 녹색성장이라는 가면을 쓴 채 진행 중이라고 정록은 지적한다. 그러므로 정록은, 진정으로 현재와 미래의 불행한 기후위기를 막으려면 거짓 위선적인 자본가적 녹색선전의 가면을 벗겨내고 기후불평등의 주범인 자본주의 권력관계에 과감하게 도전하여 그 권력 자체를 해체 또는 폐절할 것까지도 주장한다.

이에 대한 필자의 입장은 다음과 같다. 자본주의 권력관계에 대한 도전도 강온 양면의 전술로 세분될 수 있다. 앞서 언급한 권력자체를 해체하거나 폐절(폐기하고 단절)하자는 것은 급진적 강경론이 될 것인데, 이런 논의가 과연 실현가능성이 있는지 의문이지만, 일단 시도된다고 하면 현실적으로 민중의 피해만 가중시킬 수 있는 위험을 감수해야만 할 것이다. 한편 점진적 온건론은 전세계 모든 자본주의 국가에서 진행되고 있는 노동조합, 농민조합 등 각종 민중의 조합운동을 유지, 계승시킴으로서 충분히 가능할 것으로 보이며, 이러한 자본주의 구조개혁 운동은 권력의 전이 과정이 다소 길게 느껴질지라도 과도기에 발생할 막대한 피해를 최소화할 수 있고 격렬한 권력투쟁으로 인한 무력충돌과 이에 따른 각종 인재의 발생 위험도 예방할 수 있게 될 것이다. 따라서 필자는 급진적 자본주의 폐절 논의는 비현실적이라 생각한다.

정록은 결론적으로 자본주의 권력관계에 맞서는 기후정의운동을 다음과 같이 요약 정리하였다. 이러한 운동은 먼저 자본주의 자체를 공적인 투쟁, 협상, 논의, 개입의 대상으로 올려놓으려는 '사회운동'이어야 한다. 투쟁과 협상의 의제 설정 자체를 바꾸어내는 사회적 힘이 되어야 한다. 기후운동의 역사를 돌이켜보면 배출제로 즉 탈탄소가 에너지 전환이라는 기술적 해법 이전에 노동과 자연의 조직방식, 즉 무엇을 생산할 것인가, 어떻게 생산할 것인가의 문제라는 것을 알려준다. '이윤'이 아닌 '필요'에 기반한 경제로의 전환, 자본의 성장이 아닌 삶의 성장, 착취와 수탈과 배제가 아닌 돌봄과 연대의 경제, 자원과 노동의 추출과 폐기의 반복이 아닌 재생과 순환의 경제를 구축할 때 탈탄소도 가능하다는 말이다.

3. 정의로운 전환의 논의와 민중의 현실

1) 기후위기와 민중, 그리고 21세기 자본주의

현재와 미래에 피해가 집중되는 민중의 현실을 직시함

앞서 부분적으로 언급한 바와 같이, 위 4가지 접근방식 중 어떤 특정 방식이 다른 방식들보다 우월하고 정당하다고 평가하기에는 시기상조라는 것이 현재까지의 연구성과들과 논의를 통해서 나온 현실주의적 중론이라고 할 수 있다. 정의로운 전환에 대한 다양한 견해들은 전환의 추진 주체가 갖는 정치전략과 지향에 의한 것일 수도 있지만, 대개의 경우 개별 사례와 운동의 특수성, 맥락 등에 기인한 결과라고 할 수 있기 때문이다. 또한 이러한 유형들을 단선적 발전론이나 규범적 가치론의 측면에서 직선적으로 배열해놓을 수 있는지도 의문이다. 적어도 현재까지의 상황판단에 의하면, 현상유지적 접근보다 변혁적 접근이 무조건 더 올바르다고 하거나 미래에 도달해야 할 명확한 목표라고 단정하기도 어렵다는 것이다. 예를 들어 노동조합 조직과 고용주인 기업가 모두가 역량이 부족한 상태이거나 지역공동체의 경제적 생존 조건이 매우 열악한 상황이라면, 미세먼지와 이산화탄소 발생의 주범이라고 지목된 석탄발전소를 폐지하고 이를 즉시 친환경 재생에너지 발전소로 전환하겠다고 할 경우, 당장 감당해야 할 민중의 몫인 전환의 과정에서 발생할 실업과 감봉 등의 피해를 집중적으로 받게 될 민중에 대한 보상마저도 어려울 수 있기 때문이다. 더구나 현실적으로 보상보다는 직장 유지가 민중에겐 생존을 위한 더 절박한 선택사항이기에, 당장에는 국가권력이나 기업가의 인식전환을 통한 장기적인 산업전환을 도모하는 방식이 오히려 더 민중에게 설득력이 있을 것이고 유익할 것이기 때문이다. 2018년

폴란드에서 열린 제24차 기후변화 당사국총회에서는 '연대와 정의로운 전환에 관한 실레지아 선언'이 채택되었다. 이 선언에서는 어떤 지역, 어떤 공동체, 어떤 노동자와 시민도 소외되지 않는 사회적으로 공정한 포용적 전환이 필요하며 당사자들의 사회적 대화가 핵심이라는 내용을 그 골자로 표명하였다. 그런데 이러한 선언의 배경에는 폴란드 산업에서 여전히 비중이 높은 석탄산업을 당장 폐기할 수 없다는 노조 입장이 깔려있다고 분석된다. 즉 충분한 논의와 대화가 전제되지 않는다면 급격한 탈석탄은 곤란하다는 것이다. 결국 기후위기에 대처하는 정의로운 전환을 둘러싼 다양한 접근법과 해석의 차이는 "논리적인 유형화가 이론적으로 존재한다든가 자신이 어떤 입장이라고 주장하는 것만으로는 현실적인 문제해결의 실마리가 풀리지 않는다."는 사실을 입증해준다. 오히려 다양한 해석과 주장들을 뒷받침하는 환경과 사회의 조건을 살피고 그런 조건들을 좀더 민중과 공동체에 유익한 방향으로 전환할 수 있는 실질적인 방법을 고민하는 것이 현실적 관점에서의 시급한 과제가 되기 때문이다.

　탈성장과 그린뉴딜 : 히켈과 폴린의 논쟁 – 21세기 자본주의의 고민
　한편 앞서 언급한 정의로운 전환을 위한 4가지 접근 방법 중에서는 당장 자본주의 체제나 그 정치 권력에 도전하지는 않으면서 부분적인 개혁을 도모하는 온건한 개혁관리주의와, 마찬가지로 자본주의에 대항하는 측면을 표면적으로 드러내지 않으면서 점진적으로 자본주의 체제의 대대적 개혁을 지향하는 구조개혁적 접근법이 있다. 바로 이러한 접근방식들을 그 내용으로 포함하여 현실적으로 추진 중인 정책으로 '그린뉴딜(Green Newdeal)'이 있다. 2019년 미국 하원의 알렉산드리아 오카시

오-코르테즈AOC와 동료 의원들은 기후위기의 위협 앞에서 "모든 지역 공동체와 노동자를 위한 공정하고 정의로운 전환을 위한 온실가스 배출 제로"를 위해 '그린뉴딜' 정책을 촉구하였다. 이들은 결의안에서 소외되고 취약한 공동체와 노동조합이 정책 결정에 포함되어야 하며, 정부는 노동조합 권리와 작업장의 규제를 강화하고 보호해야 한다고 강조했다.

그런데 여기서 '뉴딜'은 주지하듯이 1929년 플랭크린 루스벨트 미국 대통령이 주장한 대공황 시기 경제회복 및 성장을 위한 정책이었고, 최근 제기된 '그린 뉴딜'도 기본적으로 기후위기 시대의 경제성장을 전제로 한 개발 정책이다. 이러한 '그린 뉴딜'은 자본주의적 성장을 지속하면서도 환경을 지킬 수 있다는 정책 이론으로서, '녹색 성장', '녹색 자본주의' 등으로도 불린다. 따라서 '그린 뉴딜'과 '탈성장'은 기본적으로 상호 대립하는 개념이요 논리가 된다. '그린 뉴딜'은 일종의 '생태적 현대화' 이론으로서 생태계를 해치고 자원을 고갈시키는 기술이 아니라 더 정교하게 관리하는 친환경 기술을 적용하고, 외부 비용으로 치부되었던 환경오염에 적절한 시장가격을 부여하면 자본주의 구조 속에서도 환경위기를 막을 수 있다는 생각이다.[7] 이는 1972년 메도즈 등『성장의 한계』를 출간한 연구팀이 선언한 3가지 결론 중에서, 첫 번째 결론인 '자본주의 성장의 물리적 한계'를 부정하면서, 두 번째 결론인 '생태적, 경제적

7 2017년 4월 기후변화를 멈추고 좋은 일자리를 창출하는 것을 목표로 결성된 미국 청년들의 기후행동 단체인 '선라이즈 무브먼트'의 세계적 활동에 영향 받은 것으로, 현재 미국의 조 바이든 민주당 정부도 2019년 2월에 제출한 그린뉴딜의 성공을 위해 재임 4년 동안 2조 달러(2,400조 원)을 투자해서 인프라와 에너지 부문을 개혁하겠다고 표방했다. 그 구체적 내용은 재생가능 에너지, 건물 에너지의 효율화와 주택 단열 개선사업, 산업과 인프라 시스템 정비를 통해 일자리를 창출하고 2035년까지 발전소에서 나오는 탄소배출 중단을 목표로 가난한 지역사회가 청정에너지와 인프라투자에서 혜택을 얻도록 설계했다(이유진, 2020; 이희환, 2020 재인용).

으로 지속 가능한 세계'를 약간 변형한 상태로 도입하여 '생태적으로 지속 가능하면서 경제적 성장도 지속 가능한 세계'를 외치는 것이다.

여기서 양자 간에 중대한 차이점이 있으니, 1972년 메도즈 등의 선언은 지속 가능한 자본주의 경제를 말했는데, 그린 뉴딜은 지속 가능한 자본주의 성장론을 표방한 것이 바로 그것이다. 즉 자본주의 경제체제의 지속이 자본주의 성장의 지속을 말하는 것인가? 또는 성장의 지속이 아닌 이탈(탈성장)을 말하는 것인가?의 논쟁인 셈이다. 그린 뉴딜의 지속 가능한 자본주의 성장이론은 현대 자본주의 체제하에서 주류를 점하는 이론이 되었고 녹색성장이나 녹색자본주의는 모두 성장이론에 바탕을 두게 되었다. 그린 뉴딜, 녹색성장, 녹색자본주의는 '탈동조화(de-Coupling)'라는 이론이 그 기초를 이루는데, 탈동조화 이론은 쉽게 말해서 "경제 성장에 비해서 상대적으로 자원을 덜 소비하거나 환경에 부담을 덜 끼치는 원리나 효과가 있다"는 개념이다. 이러한 탈동조화 이론은 최근 유럽 환경사무국의 보고서를 통해서 최소한 국지적으로 또 한정된 시간 동안에 실제 관찰된(입증된) 이론이라고 한다.

그러나 이에 대해서 반대론자들은 시간과 공간을 넓혀보면 증거가 부족하다고 반박한다. 예를 들어 유럽과 미국에서는 기후위기 대응정책(리질리언스)으로 오염산업이 줄어든 것처럼 보이지만, 그 줄어든 만큼의 오염은 지구상에서 완전히 사라진 것이 아니라, 중국이나 제 3세계로 옮겨졌을 뿐이라는 것이다. 또 당장은 에너지 효율이 향상되고 오염이 줄어든 것처럼 보여도 실제 부담은 현세대가 아닌 미래세대로, 현재의 지구가 아닌 미래의 지구로 옮겨졌을 수도 있다는 것이다. 더 중요한 것은 탈동조화 현상이 기후위기를 막으려면 이전 시대에 비해 오염량이 조금 줄어들고 환경부담이 다소 축소되었다는 정도가 아니라, 절대적으로 확연히 줄어들고 명백하게 축소되었다고 할 정도의 절대성을 보장해야만 한다는 점이다. 이를 '절대적 탈동조화' 또는 '절대적 감축' 등으로 표현하기도 하는데, 이렇게 해야만 비로소 기후위기를 극복할 수 있다는 주장이다.

로버트 폴린은 미국의 그린 뉴딜 정책을 설계한 경제학자로서 기후위기에 대응하는 체제전환의 규모를 언급하면서 전환에 수반되는 문제들을 현실적으로 대면해야 한다고 주장했다. 폴린은 촘스키와의 대담에서, 탈성장을 주장하는 이들을 존경하고 많은 부분 그 주장에 동의하지만, 탈성장은 결코 '기후위기'라는 구체적 문제에 대해 현실성 있는 '기후안정화체제' 같은 것조차 제공하지 못하는 비현실적 이론이라고 비판했다. 예를 들어 "탈성장 이론에서 말하는 30년간 GDP의 10% 축소가 10%의 온실가스 배출 감소를 가져온다고 해도, IPCC에서 말하는 탄소 제로(0%)에는 한참 못미칠 뿐만 아니라, GDP의 감축으로 인한 엄청난 경기침체와 이로 인한 생활 수준의 하락, 대량실업의 증가 등을 어떻게 막을 수 있겠는가?"라는 말이다. 이에 대해 촘스키도 성장과 탈성장의 균형점을 찾아야 한다고 말했을 뿐, 적극적으로 폴린의 말을 반박하지 못했다. 그런데 이들의 대담에 대해 탈성장론자들은 폴린이 간과한 것이 있다고 하면서, "탈성장론자들은 GDP의 감소만을 온실가스 감축의 수단으로 삼지는 않고, 재생에너지의 개발과 에너지 효율화에 대한 투자를 강조한다."고 반박했다. 또한 폴린이 지구의 행성적 한계 문제를 그린 뉴딜에서 어떻게 대처하는지 분명하지 않다고 지적했다. 이후 대표적인 탈성장론자인 제이슨 히켈은 폴린의 주장에 대해서, "우리에게 그린 뉴딜이 필요한 것은 분명하지만, 그린 뉴딜이 기술적으로 실현 가능하고, 생태학적으로 일관성이 있으며, 사회적으로 공정하기를 원한다면 '성장 없는 그린뉴딜'이어야만 한다."고 코멘트했다.

히켈이 말한 '성장 없는 그린뉴딜'은 '2025년 유럽 민주주의 운동 (Diem25)'이 작성한 '유럽을 위한 그린 뉴딜'에 반영되어 있다. 히켈은 폴린이 제기한 '탈성장론이 가져올 폐해'에 대해서도 반박하면서, "빈곤을 종식시키고 인간의 복지를 개선한다는 탈성장의 목표는 달성 가능한 핵심원리다"고 하였다. 그러면서 히켈은 "현재 사용하는 것보다 60% 적은 에너지로 2050년까지 전 세계 인구 100억 명에게 좋은 삶을 보장할 수 있고, 고소득 국가들이 물질 사용을 최대 80%까지 줄이면서도 모든 사람의 필요를 높은 수준으로 제공할 수가 있다면, 그린뉴딜은 탈성장의 관리된 프로그램이 될 수 있다"고 했다. 히켈은 성장론에 기초한 그린 뉴딜을 탈성장의 이론 속으로 끌여들여 '성장 없는 그린뉴딜'이란 변형(수정)된 그린 뉴딜 정책을 실시하라고 촉구하는 것이다. 히켈은 예를 들면서 생태적으로 파괴적이고 사회적으로 덜 필요한 생산에 속하는 산업화된 쇠고기 생산, 음식물 쓰레기, 계획된 노후화, 낭비성 광고 등을 줄이고, 완전고용을 유지하고 정의로운 전환을 위한 노동력을 동원할 때 노동시간을 단축하고 생활 임금과 함께 공공 일자리 보장 등을 함께 도입하자고 하면서, 이러한 정책들은 상당한 대중적 지지를 받고 있다고 했다. 요컨대 '더 적고 지금과는 다른 생산'과 '더 적은 노동'이 재생 에너지 전환을 더욱 용이하게 하고 노동자의 더 나은 삶도 가능하게 할 수 있다는 것이다. 히켈은 결론적으로 "성장이 불가피하다는 생각은 자본주의의 문화적 헤게모니의 기반인데, 이 성장의 논리를 벗어나는 것이야말로 다른 종류의 경제와 삶을 위한 핵심이 된다"고 주장했다.

2) 정의로운 전환의 현실적 구체적 과제 : 탈성장, 돌봄노동, 계획경제

정의로운 전환에 접근하는 방식을 단선적인 선악의 가치 관점에서 파악할 수는 없지만, 이러한 전환의 논의는 우리 사회에 대한 노동자, 농민 등 민중을 비롯하여 조합 등 단체와 지역공동체의 기획의 힘과 개입력을 확대시키고 증가시키는 중요한 수단이 될 수 있으며, 더 나은 사회와 경제의 청사진을 그리는 계기를 만들 수 있다. 정의로운 전환에 대한 다양한 접근 법 중에서 우리는 각자가 처한 구체적 상황에서 민중과 공동체에 현실적으로 가장 유익한 대안을 선택해야 할 것이다. 2022년 현재의 전 지구적 관점에서 정의로운 전환은 자본주의나 사회주의 등 좌우의 이데올로기를 초월하여, 탈성장과 돌봄 노동의 주류화 및 계획경제적 요소의 강화 등이 시급하다고 했다. 여기서 '탈성장'은 곧 "이윤추구에 기반을 둔 자본주의의 성장 논리에서 벗어난다"는 말이다. 그러나 이러한 성장 논리를 비판하고 이탈한다고 해서 곧바로 이것이 사회주의 체제로 연결된다고 할 수 없다. 사실 지구상에서 사회주의를 표방하는 러시아, 중국, 북한 등 주요 사회주의 국가 중 어느 나라도 기후위기를 극복하는 국제운동에 참여하고 있지 않다. 오히려 이들 사회주의 국가들은 선진 유럽과 미국을 따라서 자본주의 시장경제의 성장 및 개발의 모델을 열심히 추종하고 있기에 현재로선 이들이 '탈성장'을 고려할 입장은 전혀 아니다. 이는 소비에트 러시아의 경우도 마찬가지로 탈성장과는 거리가 멀다. 따라서 탈성장은 탈자본주의 모델이 아니라 오히려 수정자본주의의 한 형태로 파악할 수 있을 것이다. 돌봄 노동은 자본주의 체제의 성장이론이 계속 가동되면서 그 이윤추구 속성이 필연적으로 초래한 빈익빈 부익부의 모순 구조 속에서 사회적 약자와 가난한 자에게 인간적 품위를 지키고 생존을 유지하는데 필요한 교육, 의료 등 각종 사회적 서비스를 제공하는 것을 말한다. 이 또한 자본주의 체제가 유지되는데 필수 불가결한 분야라고 할 수 있다. 계획경제는 원래 20세기 초까지는 사회주의 체제의 전유물로 생각되어온 경향이 있지만, 1929년 전 세계적인 대공황 이후 자본주의 체제에 도입되어 안착한 이론으로서 현재의 수정자본주의의 큰 특징 중 하나이다. 현재 지구상에서 자본주의 체제를 취하는 어떤 나라도 계획 경제적 요소를 부분적으로 도입하지 않은 나라는 하나도 없을 정도로 계획경제는 현대 자본주의의 속성 중 하나이다. 따라서 기후위기에 대응하는 정의로운 전환의 구체적 정책 대안으로서 탈성장, 돌봄 노동의 확대, 계획경제의 강화 등을 표방한다고 해서, 이것이 반드시 현존하는 자본주의 체제를 이탈하거나 전복하려는 시도로 연결되지 않는다. 물론 현존하는 사회주의 국가들에게 이러한 대안이 당장 도입될 상황도 아니다. 따라서 탈성장, 돌봄 노동의 확대, 계획경제의 강화 등 기후위기에 대처할 새로운 정책 대안들은 현시점에서 자본주의와 사회주의로 대표되는 좌우의 이데올로기를 초월한 보편성을 띠고 있음을 알 수 있다(김희강, 2016; 이선미, 2016; 이아승, 2020; 정성진, 2020; 조영준, 2021; 칼 폴라니 저·홍기빈 역, 2002; 하태규, 2014; 한상진, 2020; 홍덕화, 2021).

'더 크고 더 넓고 더 미래지향적'이어야 할 '정의로운 전환'

전환을 담당하는 당사자와 운동단체들은 계획경제와 탈성장을 당면한 대안으로 생각할 때, 작업장(일터)과 지역(공동체)의 위기를 극복하고 함께 미래를 기획하는 경험을 쌓을 수 있으며, 집단적 역량과 효능감을 키울 수 있게 된다. 이때 구체적인 전환의 전략과 교육 프로그램 등은 JTLP의 권고를 따르면 된다. 전환을 위해서는 목표로 삼은 단기 정책과 사전 예방적인 장기 정책을 미리 갖추어야 하는데, 노동조합, 노동자, 공동체의 요구에 근거해야 한다. 이런 조건에 입각할 때 정의로운 전환은 더 크고(Go Big), 더 넓고(Go Wide), 더 미래지향적(Go Far)이어야 한다. 구체적으로 첫째 기후-안전 경제에서 경험하게 될 전환의 범위와 규모는 지역, 인구 및 산업 전반에 걸쳐 공동체와 노동자에 끼치는 영향을 포괄적으로 고려하는 방식이 필요하다. 둘째 정의로운 전환은 원주민들로 구성된 공동체, 노동자 조직들, 최전선 커뮤니티 등이 전환의 전반적인 과정에 걸쳐 적극적이고 깊이 참여해야 전반적인 전환이 가능하다. 셋째 장기적인 미래를 내다보고 전환을 도모해야 한다. 노동자와 지역공동체에 대한 장기적인 지원과 투자가 필요하며, 세대 차이에 대한 세심한 관심도 필요하다.

3) 기후위기에 대처하는 생태 환경 리질리언스의 포괄적 강화 방안

이상에서 기후위기에 대한 다양한 접근, 즉 현상유지적 접근, 개혁관리적 접근, 구조개혁적 접근, 변혁적 접근 등을 그 대응책으로 제시하는 논자들의 주장을 차례로 정리해서 소개했다. 이러한 주장과 관련하여 필자도 자본주의 권력관계의 변화야말로 기후위기의 근본적인 원인에 대한 책임을 철저하게 추궁할 수 있는 가장 강력한 대안이라고 인정한다. 그러면서도 그 실현성에 대해서 의문을 제기하지 않을 수 없다. 또한 기후위기를 극복하는 방안으로서 자본주의 권력 관계의 철폐가 현시점에서 가장 효과적인가에 대해서는 더욱 큰 의문을 갖게 된다. 대다수의 민중이 절감하는 위기는 생존을 위한 경제적 문제를 해결하는 것인데, 그 경제적 생존을 보장해왔고 지금도 보장하고 있는 자본주의 권력을 타도하고 그 체제를 해체하는 것이 가능하지도 않겠지만, 가능하다고 해도 그 대안체제가 무엇인가에 대한 구체적인 대답이 즉시 도출되지 않을 것이기 때문이다. 오히려 체제 변화 내지 체제 전환의 과정에서 겪게 될 모든 인적, 물질적, 정신적 피해를 집중적으로 감당하게 될 가난하고 힘없는 민중의 입장에서 보면 자본주의를 넘어서는 새로운 체제의 정립 또는 현존 자본주의의 폐단인 성장이론을 극복한 수정자본주의(자본주의4.0)는 장기적인 목표요 대안일 따름이다. 기후위기와 관련하여 당장에는 목전에 닥친 탄소배출량 감축을 가장 효과적으로 실시할 방법을 찾아야 할 것이다. 그것은 계층간의 대립이 격화됨으로 초래될 사회적 혼란을 최소화하면서, 이윤추구에 골몰해온 자본주의 이기심이 놓친, 인류 역사를 통해 증명된 가장 오래된 생존방식인 '서로 살림의 공동체'를 우선적으로 조직하고 확대해나가면 가능할 것으로 본다(강지연, 2021; 이나미, 2016; 한상미, 2022).

기후위기에 대한 역량을 강화하기 위해서는 재난이 발생한 이후에 부득이하게 대처하는 사후적 대응보다는 사회적 기업의 육성, 공교육, 공공보건의료, 도시재생, 돌봄서비스의 강화와 확대, 사회 각 분야에 걸친 협동조합의 육성 등을 통해서 공동체적 경제, 사회적 경제를 자본주의 체제 내에서 확대해가야 할 것이다. 이를 통해서 사회적 불평등을 점진적으로 해소함으로써 공동체 구성원의 상호신뢰를 증진하고 사회의 통합 능력을 배가하면서 인류의 전체적인 생존능력을 강화해간다면, 위기에 대처하는 대응역량의 증진 또한 가능하리라고 본다. 이것이 필자가 생각하는 기후위기 시대의 생태환경 리질리언스 대체적 구축방안이 될 수 있다고 생각한다.

4) 기후위기 리질리언스 강화의 구체적 방안 : 노동자, 농민의 입장을 중심으로

기후위기 극복을 위한 리질리언스의 현실적 주도세력인 국가권력과 기업들

앞서 기후위기를 극복하기 위한 리질리언스 강화의 주체로서 '정의로운 전환' 과정과 결과에서 우선적으로 고려해야 할 대상은 당연히 노동자 농민을 포함한 대중이어야 한다고 강조하였다. 그러나 대다수 국가의 현실은 자본주의 체제의 수혜자인 자본가 즉 기업의 소유주, 경영진 및 이들을 옹호하고 대변하는 국가 내지 지역의 권력자로 대변되는 자본주의 지배세력 등이 기후위기의 원인 진단과 대응역량 강화를 논의하는 주체가 되고 있다. 이는 자본주의가 표방하는 정치적 의회민주주의에서 논의할 의제를 사실상 국가권력과 지배계층이 독점하고 있다는 말이다. 민중과 이를 대변하는 조합 등 단체들은 여태까지 관련 논의에 형식적으로 참여했을 뿐 실질적으로 의제를 포함한 다양한 논의의 내용과 그 향방을 주도하지는 못했다. 2022년 3월에 선포된 '탄소중립 녹색성장 기본법'은 기본적으로 모든 국민의 민주적 참여를 보장하고 있다. 이 법의 '기후정의'에 대해서도 모든 이해 관계자들이 의사결정과정에 동등하고 실질적으로 참여하는 것을 그 구성요소로 정의한다. 이를 보면 분명히 민주적 절차를 보장한 것으로 이해된다. 그러나 실제로 문재인 정부의 '2050 탄소중립위원회'가 보여준 것은 사회적 대화를 앞세운 위원회 정치의 폭력과 비민주성이었다. 이러한 위원회 정치의 특징은 함께 참여해서 의사결정을 하는 것처럼 보이지만 무엇을 논의하고 결정

할 수 있는지 미리 정해져 있다는 것이다. 형식적으로 모두가 동등하고 실질적으로 참여하는 위원회일지라도 '무엇'에 대한 의사결정을 할 수 있는 것은 지배적인 권력 관계에 따라 규정될 뿐이다.

탄소중립위원회의 목표는 2050년까지 배출제로를 통해서 실질적인 탄소중립에 이르는 경로를 구상하려는 것이 아니라, 줄어들지 않는 산업에너지 수요와 지속적인 경제성장을 전제한 상태에서 재생에너지를 비롯한 녹색산업 육성과 지원을 위한 계획일정을 짜는 것이었다. 따라서 탄소배출 감축을 위한 상품 생산량의 통제나 에너지 수요축소처럼 자본의 성장을 저해하는 방식은 애초부터 고려되지 않았다. 이러한 현실에도 불구하고 여전히 외형적 문구상으로는 동등하고 실질적인 참여, 민주적 참여라는 미사여구로 홍보되며 마치 권력을 동등하게 분배하여 참여 민주주의의 실질적 효과가 제대로 충실히 이루어지는 것처럼 선전되고 있다. 지난 25년간 전 세계 탄소배출을 주도한 상위 10%(6억3천만명)가 그 개인적 소비를 통제한다고 해도 탄소 감축에는 구조적 한계가 있다. 이들이 주도한 탄소배출의 상당 부분은 주식과 채권의 형태로 기업에 투자된 자산일 것이므로, 이들이 개인적 소비를 줄이고 막대한 탄소세를 부담한다고 하더라도 이를 감당할 소득은 엄청난 탄소를 뿜어내면서 이윤축적과 성장을 계속해왔고 앞으로도 그러할 가능성이 크기 때문이다.

따라서 기후위기는 더이상 환경과 생태의 문제가 아니라 생산과 소비, 자본주의 성장체제의 문제라는 인식이 확산될 수밖에 없다. 자본주의 생산체제가 작동 가능한 구조인 자본주의 권력 관계, 즉 생산수단인 토지, 자원, 기계 등의 사적 소유에 따른 배타적 독점적 전유 권리에 저항하지 못한다면, 기후운동의 대안 모색은 자본주의가 이미 깔아놓은

판 위에서 이루어질 수밖에 없다는 말이다. 그러나 이러한 구조 자체를 한꺼번에 뒤집는다는 것은 현실적으로 무모하고 무익한 것으로도 보인다. 자칫하면 승자는 하나도 없고 모두가 패자가 될 수도 있다. 자본주의 권력 관계에 대한 민중의 도전은 필요하고 또 중요하지만, 권력다툼으로 인한 사회적 혼란도 최소화해야만 권력의 이행과정에서 일어날 과도기적 피해가 민중에게 닥치는 것을 예방할 수 있을 것이다. 이렇게 생각해보면 앞서 논의한 기후위기를 극복하기 위한 4가지 방안 중에 민중이 선택할 합리적이고 평화로운 개혁 방안은 세 번째 입장인 '구조개혁적' 방식이 적절하지 않을까 생각한다.

노동자의 입장에서 본 기후위기 리질리언스 방향과 과제

노동조합의 정의로운 전환을 위한 전략도 다양한 이데올로기의 편차만큼 다양하다.

첫째, 기술낙관주의와 시장에 기반을 둔 '합의된 해결책 전략(shared solution approach)'이다. 탄소거래, 기술진보 등 시장의 체제를 활용하여 경제성장과 환경보호를 함께 추구할 수 있다는 말이다. 이른바 '녹색성장'이 대표적인 합의된 해결책이다. 이 입장에 의하면 녹색성장이 노동과 환경 사이에 자본 재분배 가능성을 높이고, 둘 사이의 경쟁을 방지할 수 있다고 여긴다. 영국의 노동조합이 이 전략을 자주 표방한다. 영국의 노동조합 대표자들은 녹색기술 증진과 에너지 효율에 대한 노동자 개입을 바탕으로 작업장에서 탄소배출 감축을 위한 광범위한 활동을 한다. 그러나 녹색성장이 고용과 환경의 모순을 해결해줄 수 있을지 회의적이다. 왜냐하면 환경과 고용 간의 갈등은 대부분 부가가치와 성장역량이 모두 낮은 낙후된 분야와 지역에서 발생하는 경우가 많은데, 이런 곳에

서는 수요 독점적 노동시장으로 인해 개인 건강과 집단 환경에 따르는
해로운 공장 폐쇄 또는 산업활동 가속화에 대한 대안을 마련하기 곤란
하기 때문이다. 노동조합의 정의로운 전략에는 사회적 경제적 구조의
제약에 대한 대응이 포함되어야 함을 알려 준다.

둘째, 전환과정에서 피해자 구제와 보상, 차별적인 비용부담을 강조
하는 '차별화된 책임 전략(differentiated responsibility approach)'이다. 탈
탄소 경제로의 이행과정에서 정부가 좀더 적극적으로 개입하여 부정적
효과를 줄이기에 힘쓰고, 전환비용도 차별화된 책임에 따라 차별적으로
부담되어야 한다는 것이다. 환경 정책의 전환에 따라 피해를 받은 노동
자에게 정부와 사용자의 지원, 교육기회 등이 제공되어야 한다는 주장
이다. 독일 루르(Ruhr)의 사례가 대표적인데, 석탄발전소를 폐쇄하면서
노동조합과 독일 정부는 재생에너지 산업에서 노동자들이 일자리를 구
할 수 있도록 지원 프로그램을 제공했다. 그러나 논자에 따라서는 이러
한 전략도 구체적인 방안에서는 앞서 언급한 '합의된 해결책 전략'과 대
동소이하다고 평가하기도 한다. 즉 녹색 일자리 창출을 위한 산업전환,
임금보전, 노동자 전환 배치를 위한 재교육 등의 측면을 따져보면 양자
의 차이가 별로 없다는 것이다.

셋째 정의로운 전환에 대한 급진주의 시각을 대표하는 사회-생태적
전략(socio-ecological pattern)이다. 이 전략은 자본주의 체제는 본질적으
로 환경적 지속가능성과 양립(병존)할 수 없다는 주장이다. 따라서 환경
의 지속가능성을 위해서 자본주의 사회, 경제체제의 근본적 재편을 추
구한다. 노동과 환경 사이의 상충 관계를 해체하는 효과적인 방법으로
돌봄 노동, 협동조합에서의 노동 등 이른바 '연대 경제'에서의 재생산-
비시장적 노동모델이 강조된다.

이상의 세 가지 전략 방법을 통틀어 볼 때, 정의로운 전환은 기후위기에 대한 대응전략이 다양한 만큼 숱한 모순과 많은 도전 과제에 직면해 있기 때문에 그 해결(전환) 과정은 장기적일 수밖에 없다는 것을 알 수 있다. 또 해당 국가나 지역의 사회경제적 조건, 노사관계나 노동시장의 현황, 사회세력의 관계 등에 따라 그 양상은 매우 다양하게 나타날 수 있다.

노동 분야와 농업 분야에서는 정의로운 전환의 주요 요소로 지목된 회복적, 분배적, 절차적, 승인적 정의 외에도 생산단계에서 탄소 배출을 감축할 수 있는 '생산적 정의'가 추가로 고려되어야 한다는 목소리가 높다. 어떤 연구자는 '회복적 정의' 대신에 생산적 정의를 넣기도 한다. 기후정의 포럼은 노동현장의 노동자들이나 식량을 생산하는 농민들이 작업장의 생산과정에서부터 안전을 위협하는 유해물질과 위험요소를 통제하고 안전한 작업 방식을 결정할 수 있어야 한다고 했다. 즉 생산적 정의가 원활하게 작동할 때 노동자와 농민은 다른 시민들과 자연과 인간의 공동체 전체를 안전하게 유지할 수 있게 된다는 점에서, 생산단계의 탄소배출 통제는 국가적, 국제적 수준에서만이 아니라 생산 현장에서 노동자의 민주적인 의사결정이 이루어져야만 한다.

농업, 농민의 입장에서 본 기후위기 리질리언스의 방향과 과제

우리가 유의해야 할 기후위기 대응에서 자원과 에너지가 그 전환의 대상이자 목표라고 한다면, 전환의 주요 고리는 생명 활동의 본질인 먹거리의 생산과 소비이다. 바로 농업과 직접 관련된 활동이다. 기후위기로 인한 이상기후는 농업, 먹거리 생산에 가장 큰 영향과 피해를 초래한다. 장기적으로 작물의 재배에 적합한 지역의 변화로 불안정한 생산의 위험을 가중시킨다. 지난 40년간 사과 산지의 변화와 현재의 기후변화 예상수치 등을 감안하면 2060년에는 한국의 경우 강원도 대관령 등 고산지대 일부에서만 사과 재배가 가능할 지도 모른다고 한다. 지난 20세기 100년간 평균기온 1도 상승의 속도는 작물은 물론 생태계의 적응 속도를 넘어선다고 한다. 곡물 생산국들의 가뭄과 원유가격 상승 등으로 전 세계 곡물가격이 급등하고 물가상승으로 이어져 2007~2008년에는 30여 개 국가에서 애그플레이션(*농산물 가격 급등으로 인한 일반 물가상승)이 일어났고 일부 국가에서는 폭동도 발생했다. 이는 기후위기가 식량위기, 사회경제적 위기로 촉발된 것이다. 2010년 여름 러시아와 중앙아시아의 가뭄으로 밀 수확량이 감소하고 수출중단과 투기 등으로 국제 곡물 가격이 또 폭등했다. 그 결과 이 지역의 식량 수입에 의존하던 중동, 지중해 연안은 식량난과 경제난이 한꺼번에 겹쳐서 오랜 정치 권력들이 붕괴되기도 했다. 2022년 3월부터 시작된 러시아의 우크라이나 침공은 세계적인 밀 생산국인 우크라이나의 밀의 수확기는 물론이고 저장기를 넘어서도 그 전쟁이 멈추지 않고 있어서, 밀 수출을 위한 선적 등이 제대로 이루어지지 않고 있다. 이에 따라 국제 식량 가격은 점차 폭등의 압박을 받고 있으며 이 밀의 수입에 의존하고 있는 개발도상국의 생존이 위협을 받고 있다. 한국도 여기에서 결코 예외가 아니다.

먹어야 생명활동을 할 수 있는데 그 먹거리를 얻으려고 대부분 화석연료에 의존한 에너지를 사용한다. 이러한 화석에너지와 과학기술의 결합으로 1950~1970년대에는 농업기술의 비약적인 향상인 녹색혁명이 일어났다. 20세기 초에 개발된 암모니아 합성 기술은 금비(화학비료)의 대량생산을 통하여 대량의 농산물 생산을 이끌었다. 세계 대전 중에 개발된 독가스는 벌레와 세균을 죽이는 농약(제초제)의 개발로 이어져 농업혁명을 더욱 촉진했다. 이러한 농사기술과 농업생산량의 눈부신 발전에 힘입어 2000년까지 인구는 10년에 10억 명씩 늘었다. 식민제국과 전쟁이 결국 자원의 수탈과 자본의 초과축적 과정이었다면, 그 자원의 대부분은 농산물과 토지이다. 따라서 제국에는 농식품 기업들이 형성되고 농식품은 상품이 되었으며 녹색혁명으로 초국적 기업들이 성장했다. 여기에 원료와 생산, 유통과 소비에 이르는 전 과정에 시장의 확대와 자본의 확장을 통하여 신자유주의 체제에 입각한 자유무역 시대가 열렸다. 그러나 이러한 산업활동 과정에서 무수한 온실가스가 배출되고 이상기후 현상이 빈번히 나타났다. 농업생태계의 무분별한 확장과 수탈, 왜곡 및 농업생산과 소비의 시기, 장소 부적합에 따른 낭비와 부족 등에 따른 생산의 불안정성이 초래되는 부정적 영향을 끼치는 "농사–에너지–기후위기"라는 악순환의 위기가 점차 가중되고 있다.

농업에서 비롯되는 이러한 기후위기에 따라, 2016년 세계자원연구소가 전 세계 온실가스 배출량을 분석한 자료에 의하면 농업과 토지이용 분야가 전체 배출량의 18.3%로 평가되었다. 한편 데이터 공유 플랫폼인 '데이터 세계(ourworldindata.org)'에 발표된 2019년도 통계에 의하면 세계 농식품 시스템에서 생산, 가공, 유통까지의 분야가 전 세계 온실가스 배출량의 약 26%를 차지하는 것으로 나타난다. 그 가운데 축산농과 어업이 농식품 배출량의 31%, 작물생산이 27%, 가축용 토지이용(16%), 소비 작물(8%) 등 토지이용이 24%, 가공운송 포장 등의 공급망이 농식품 배출 가스량의 18%를 차지한다. 이처럼 인류 산업 전체의 온실가스 배출량 중에서 최소한 1/4 ~ 1/3 정도가 농업과 식품 분야이므로 이에 합당한 감축 대책을 세워야 한다. 또 다른 연구결과도 이와 비슷하게 농식품 분야 배출량이 전체 산업의 21~37% 정도에 이른다고 보고되었다. 과학저널『사이언스』에는 "지구적 농식품 체계가 2050년까지 1.5도 내로 그 상승을 억제하려는 목표달성에 방해요인이 될 수 있다."는 논문이 발표되었다. 현 추세가 계속되면 30% 전후에 이르는 농식품 체계의 온실가스가 2050년에는 두 배로 증가하여 다른 산업 분야의 감축을 상쇄하게 될 것이라고 경고한다.『사이언스』는 농식품 전환의 모델로 식품 소비 영역에서는 "식물성이 풍부한 식단"과 "건강한 칼로리섭취 식생활"을 식품생산 공급 영역에서는 50% 추가 고수율화, "온실가스 배출 40% 감축한 효율적 생산", "식품 손실과 쓰레기 절반 감축" 등을 종합적으로 검토하여 모든 방안을 두루 잘 적용하는 실천을 통해서만 탄소중립에 접근할 수 있을 것이다. 유엔 식량농업기구(FAO)는 축산업을 통해 배출되는 온실가스가 전체 온실가스 배출량의 14.5%에 달하며, 소고기와 유제품 생산이 전체 축산업의 2/3을 차지하고 있다고 보고했다. 지상의 모든 교통 수단에서 비롯되는 온실가스가 전체 배출의 13% 수준인 것을 고려해본다면 농업, 그중에서도 축산업의 가스배출이 상당한 비중을 차지하고 있음을 알 수 있다. 따라서 우리가 탄소중립을 달성하려면 축산업의 가스 배출 비중을 줄이기 위해서, 채식 위주의 식단과 육식의 절제를 강력하게 시행해야 할 것이다. 축산농과 육식의 무절제한 확대는 결코 지속 가능하지 않기 때문이다.

기후위기 시기의 농업의 생산력을 보존하려면 지역균형 발전과 농촌지역 과소화 및 고령화의 문제 등도 외면하지 말아야 한다. 도시와 농촌 간의 양극화를 막고 인구분산을 효율적으로 하려면 최저소득 보장, 고용보장, 기본소득 체계구축 등이 필요하다. 그러나 이같은 산업구조 전환의 과정에서는 변화요구 압박에 따른 이해관계의 상충 갈등 및 상대적 박탈감 등이 나타날 수 있다.

농업 분야에서는 자연환경을 이용하여 탄소감축을 시행할 수 있는 길이 열려있는데 바로 토지(흙)과 삼림(나무숲)의 활용 보존이다. 흙은 대기보다 2~3배나 더 많은 탄소를 포함하고 있는데, 산업화한 경작으로 대부분의 경작지의 흙은 탄소를 절반 이상 잃었다고 한다. 그래도 흙이 탄소를 저장할 여력이 있고, 건강한 유기농업, 재생농업, 탄소생태 농업 등을 통해서 대기 중의 탄소를 흙으로 되돌릴 수 있다고 한다. 매년 토양 탄소를 0.4%씩 증가시키면 연간 온실 배출량의 75%를 저장할 수 있다. 그러나 산업화 과정에서 농지의 절대량 훼손은 피할 수 없고 대부분 되돌릴 수 없다. 그러므로 농사의 타 산업으로의 전환과 탄소 회복력의 토대인 농지를 훼손하는 것은 '죽어가는 생명의 제 살 깎아 먹기'에 비유될 수 있다. 농업인에게 산림과 농지 분야는 탄소 증가를 감소시키면서 농업의 회복력(리질리언스)을 증가시킬 수 있는 소중한 전환이행의 공간이므로 농지를 함부로 전용, 개발 등으로 훼손하는 것은 탄소 중립에 역행하는 일이다. 따라서 탄소를 저감하는 농업으로의 전환, 식량주권, 식량안보를 보장하기 위한 탄소생태 농업을 확대하는 것이 기후위기로 인해 누적된 농업의 위기를 극복하고 농업과 농촌이 회생하는 대전환, 정의로운 전환의 방향이라고 할 수 있겠다.

기업가이자 환경운동가인 폴 호건이 2017년 펴낸 『플랜드로 다운』에서 제시하는 '재생농업'은 탄소함량을 복원해서 토양의 건강을 지속적으로 개선하고 재생하며, 식물의 영양, 건강, 생산성을 향상하는 것으로 다양한 피복작물, 무경운 재배, 무농약, 무합성비료, 농장 내 교배, 윤작 등의 방법이 동원된다. 현재 이런 방식으로 실행되고 있는 4,300만 ha의 농지 규모가 2050년까지 4억 ha로 확대되면 격리와 배출의 감소로 총 23.2기가톤의 이산화탄소가 감소할 수 있다고 한다. 실제로 기후위기와 농업에 관심을 둔 나라들은 이미 탄소저장을 가시화하고 있다. 2015년 파리 기후 협약에서는 프랑스 주도로 전 세계 토양의 탄소저장 능력을 늘리기 위한 '4/1,000 이니셔티브 운동'을 전개하여 탄소중립을 위해 연간 0.4%의 토양 탄소를 다시 토양에 환원하고 있다. 세계적인 와인 생산지 중의 하나인 미국 캘리포니아도 '건강 토양 프로젝트'를 추진하여 4년 동안 약 447억 원을 지원하며, 일본도 에코팜 농가에 1,000㎡당 8,000엔을 지원하고 있다. 이제는 화석연료에 의존하는 설비, 자재, 고투입 농업을 과감하게 전환할 때이다. 에너지는 재생되어야 지속할 수 있고, 물질은 순환하여야 건강할 수 있다. 재생과 순환을 중요시하는 유기농업이 권장 되어야 한다. 또한 축산업과 관련된 농업에서 경종과 축산이 각자 따로 수입한 자재와 사료를 투입하고 부산물, 분뇨도 따로 활용하거나 폐기하 는 방식을 지양하고, 지역 마을 단위의 순환농업으로 전환해야 한다.

생산자 농민들은 땅을 살리고 사람을 살리는 농사를 지속, 확산하고, 연대하는 사람들을 확충해나가고, 스스로 시대적 사회적 전환의 주체로 나서는 것이 필요하다. 또한 이와 함께 소비자들이 이러한 생산자의 노 력에 호응하여 강력한 뒷받침이 되어야 한다. 그리고 정부도 정책으로 이들 생산자와 소비자의 유기적 연결을 도와주어야 한다. 농산물 소비 자는 기후위기 시대의 시민으로서 먹거리를 잘 선택하고 현명하게 대처 해야 한다. 햇빛을 활용하고 흙을 살리고 건강한 흙에 기대는 농식품 체계로의 전환, 생산자와 소비자의 연대 전환만이 기후위기를 극복할 수 있을 것이다. 새로운 농촌 사회운동이 필요하다.

신자유주의는 농업 생산에도 이미 깊숙이 침투되어 있다. 이에 순응하 면 전환의 주체를 형성하기도, 주체의 조직화와 소비자와 연대 등도 어렵 게 된다. "농촌 사회운동을 통해서 농식품 산업 복합체를 해체하고 현지에 기초한 식품 시스템을 복원하려면 소생산자들과 저소득 비농업 인구의 필요를 충족시키고 기업의 생산—소비 지배에 맞서는 농생태학적 대안을 건설해야 한다. 환경적으로도 더 건강한 농업으로, 더 정의롭고 경제적으로 더 실현 가능한 사회로 변화되기 위해서는 농촌에서 부상하는 사회운동 세력과 그러한 농민운동의 목표를 헌신적으로 지지하는 시민사회 조직들이 함께 연대하는 공동행동으로 가능하다.(농생태학자 알티에리)

4. 기후위기에 대처하는 리질리언스 강화와 정의로운 전환 논의의 과제들

1) 기후위기 극복과 국제사회의 생태 환경 리질리언스

전환과 리질리언스

기후위기에 대응하는 생태 환경적 대응능력을 뜻하는 '생태 환경 리질리언스'는 최근까지 여러 연구자와 운동가들에 의해서 '정의로운 전환'이란 사회운동으로 집약되고 있다. 정의로운 전환은 분배적, 절차적, 승인적, 회복적 측면에서 그리고 생산적 측면에서도 함께 병행적으로 추구되어야 한다. 이중에서 우선 승인적 정의에 입각하여 기후위기가 목전에 전개되고 있는 현실임을 솔직히 인정해야 한다. 그다음 회복적, 분배적 정의는 기후위기의 책임이 누구에게 얼마나 있는지를 엄밀하게 계산해서 그 책임이 있는 만큼 필요한 세금이나 행동 개선의 의무를 공평하게 분배하여야 한다. 이러한 분배과정이나 기타 산업 방식의 전반적 전환의 과정과 이에 앞서 개별 기업이나 직장의 일터에서 노동자, 농민 등 생산자가 현장에서 기후위기를 극복하고 대응능력을 향상시킬 수 있는 조치를 시행할 수 있도록 생산적 정의가 확립되어야 한다. 또한 탄소중립을 위한 탄소감축 방안의 모든 중장기적 계획과 시행의 단계마다 전환의 피해가 집중되는 민중이 직접 의사결정 과정에 적극 참여하여 의제를 선정하고 논의하며 사안을 결정하는 데에 일정한 주도적인 역할을 하는 절차적 정의가 수립되어야 한다.

자본주의 성찰과 정의로운 전환

이러한 정의로운 전환의 논의는 현상적으로는 지구의 기후위기를 초래한 이산화탄소의 급속한 방출, 곧 인간이 산업화를 수행하는 가운데에서 야기된 생산을 비롯하여 생산물의 유통, 소비, 그리고 폐기에 이르는 전 과정에서 각 개인이나 기업이 그 위기의 요인을 증가시켜간 것으로 보이지만, 근본적으로 성찰해보면 끊임없는 이윤추구에 기반한 자본주의 성장론이 그 위기의 배경을 이루고 있음을 알게 된다. 이러한 자본주의 정치, 경제, 사회, 문화체제 전반과 연관되어 있는 기후위기의 원인에 입각해서 이를 극복하려는 움직임은 크게 4가지 방식의 접근으로 나뉘어 진다. 그것은 곧 첫째 선진자본주의 국가와 대기업을 중심으로 이루어지는 자본주의 성장이론에 근거한 현상유지적 접근, 둘째 자본주의 권력체제에 도전하지 않고 기존 자본주의 경제 체제 내에서 사회적 대화와 타협 등을 통하여 공평과 정의를 구현하려는 개혁관리적 접근, 셋째 자본주의 경제체제의 구조적 개혁을 추구하지만 정치권력의 개혁에 찬성하면서도 그 방법은 점진적 온건한 방법으로 분배적 정의와 절차적 정의를 강조하면서 전환의 과정에서 야기될 민중의 피해를 최소화하려는 협동조합이나 노동조합 등의 구조개혁적 입장, 넷째는 기후위기를 극복하기 위해서는 자본주의 체제의 전면적인 해체와 붕괴가 필수적이라고 보면서 그 대안체제를 조직하려는 변혁적 접근 방식으로 자본주의 폐기와 절단으로 대표되는 자본주의 폐절을 기치로 내건 급진적인 부류도 있다. 자본주의 체제 자체의 폐기냐, 아니면 자본주의 체제의 부분적/전면적 변화냐 하는 갈림길에서 나온 논쟁으로 자본주의 성장을 둘러싼 탈성장 및 그린뉴딜(녹색성장) 논쟁이 있다.

기후위기 대응 주체의 양성

기후위기에 대응하기 위해서 무엇보다 필요한 일은 정의로운 전환의 주체를 형성하는 일이다. 이 전환은 중장기적 과제이기에 살아갈 날이 많이 남은 청년들에게는 더욱 절박하게 나타날 문제이지만, 이미 성장에 따른 풍요와 편리를 누려온 세대들에게는 무뎌 보인다. 전환 의제가 설정되는 단계와 과정에서, 그리고 젊은 세대에게서 급진적인 문제 제기가 나오는 것은 당연하고 또 필요하다. 전환이 진행되는 각 단계와 과정, 분야와 부문마다 나타날 수 있는 때로는 사회적 경각심과 주의를 환기하기 위해 필요한 '절멸행동'(=완전히 없애야 할 행동)들을 발견하고 우선 이를 최소한으로 억제해야 한다. 위기의식에 예민한 초기 주체들이 의제를 형성하고 전환이 진행되는 과정에서도 전환의 방향과 원칙이 제대로 수행되는지 끊임없이 지켜보는 역할이 중요하다. 또한 주체를 폭넓게 조직해야 한다. 감시자와 대변자 수준에 머물러서는 이 시대의 전환 과제를 이룰 수 없을 지도 모른다. 전환의 주체이기에 그 전위는 문제를 감시하고 지적하는 역할만이 아니라 문제를 해결하는 선도적 행동에 나서서 조직하고, 구체적인 피드백으로 교정해나가는 실천 활동을 이어가는 것이 중요하다. 개인적 차원의 소비와 육식을 절감하고 쓰레기를 줄여나가는 차원도 중요하고 필요하다. 아울러 이에 그치지 말고 국가와 자본의 역할과 성격을 전환하는 데까지 힘을 쏟아야 다음 세대의 지속성을 바라볼 수 있다.

2) 한국의 산업 현실과 전환의 구체적 방안들

한국의 노동시장과 노동자의 현실

노동조합의 정의로운 전환을 위한 대응전략에는 녹색성장과 관련된 기술낙관주의에 입각한 합의된 해결책 전략, 전환과정에서의 피해자 구제와 보상, 차별적 비용부담 등을 강조하는 차별화된 책임전략, 탈자본주의, 탈성장을 기치로 연대 경제와 재생산-비시장적 모델을 추구하는 사회-생태적 전략 등이 존재한다. 신자유주의 노동체제가 지배하고 있는 한국의 상황에서 노동 현실은 노동시장 유연화, 분절화 및 기업적 교섭체제, 상습적 노동배제 구조 등의 여러 가지 문제가 중첩되어 있어서 기후위기 대응정책에 있어서도 노조의 의견을 아예 묻지도 않거나 노사담합 등을 통하여 현행의 노동시장 불평등 구조를 유지하거나 확대할 가능성이 크다. 이러한 상황에서 기후위기를 극복한다는 기치를 내걸고 진행될 대대적 전환의 과정에서 약자인 노동자나 노조에 피해가 집중될 가능성은 매우 크다.

한국의 농업과 농민의 현실

2007~2008년 세계적인 농산물(곡물) 가격의 급등으로 전세계적인 애그플레이션이 발생하여 일부 국가에서 폭동이 발생했을 때 농산물 자급률 25%에 불과하던 한국도 상당한 혼란을 겪었으나 그나마 버틸 수 있었던 것은 주식인 쌀의 경우 거의 90% 이상의 자급률을 보유하고 있었기 때문이다. 한국 농업의 현실은 선진국들의 친환경 유기농업에 비해 많이

낙후되어 있고, 그래서 우리 국민들은 당장이라도 기후변화로 인한 글로벌 식량 가격 폭등이 일어나면 전면적인 식량위기에 고스란히 노출될 상황에 놓여 있다. 한국은 탄소 절감의 효과를 내는 친환경 농업에 농업직불금을 지원하고는 있으나 선진국의 수준에 비추어보면 구색 맞추기 수준을 벗어나지 못하고 있다. 이러한 상황에서 우리는 최근 전 세계적인 Covid-19 팬데믹의 위기를 겪고 있으며, 아직도 완전히 극복하지는 못했다. 이러한 때 다음과 같은 선각자의 말은 되새겨 볼 만한 가치가 있다.

> "기후위기와 팬데믹은 우리에게 보이지 않던 것들을 새롭게 볼 수 있게 해주었고, 우리가 살아가는데 꼭 필요한 것이 무엇인지 일깨워주고 있다. 기후위기가 심각하고 팬데믹 위기상황인데도 마트에는 먹거리가 넘쳐나고 식당마다 고기 굽는 연기가 피어오르는데 무슨 헛소리냐 할지 모르겠다. … 마트에 넘쳐나는 먹거리와 풍요로운 밥상이 언제까지 보장될 수 있을까? 한국의 현실로 볼 때 쌀과 채소, 감자 등은 어느 정도 자급한다지만, 밀과 옥수수 자급율은 1%에도 미치지 못하고, 콩은 5%를 겨우 넘고, 사료를 포함해서 전체적으로 식량을 자급할 수 있는 정도가 20% 남짓한 수준인데 먹거리 수급에 과연 문제가 없을까? 지금의 먹거리는 불길이 번지는 들판에서 끝이 보이지 않는 외줄을 타며 누리는 풍요이다. 어쩌면 우리는 운좋게 시류를 만나 반도체, 자동차, 석유화학 제품들을 팔아들인 달러로 전 세계에서 밀과 콩, 옥수수, 사료곡물과 육고기, 어패류 등 먹거리와 원유를 사올 수 있으니 다행일지도 모른다. 하지만 기후위기로 세계 식량수급과 운송, 산업경제 체제가 조금만 삐긋하여도 우리 사회의 먹거리 수급과 생산기반은 위험에 빠지게 될 것이다. … 내 눈에 보이는 것만이 현실의 전부가 아니다. 제대로 살펴보아야 본질을 들여다볼 수 있다. 느끼고 공유하며 실천할 때 문제해결의 길을 찾아갈 수 있다."
>
> (이근행, 2022.3)

한국 기후위기 극복의 현실적 주도세력과 당위적 주체 : 정부, 기업 Vs 노동자, 농민

지금까지 한국에서 기후위기 극복을 위한 대응의 주체는 정부와 대기업이었다. 한국의 노동자, 농민 등은 기후위기의 직접적 피해자임에도 불구하고 이른바 정의로운 전환 과정에서 중요하게 취급되는 절차적 정의에 거의 참여하지 못하고 있는 것이 현실이다. 이같은 민중 배제의 배경이 되는 한국의 노동 현실은 노동시장의 유연화와 분절화에 따른 비정규직 양산 및 기업별 교섭체계가 대세인 신자유주의 노동체제로 요약된다. 이러한 상황에서 2020년 전체 노동자의 41.6%에 이르는 비정규직 노동자는 정규직 노동자 임금의 50~60% 수준에 머무르고 있으며, 탈탄소 경제로의 전환에 있어서 발생할 수 있는 대규모 실업도 이들 비정규직 노동자가 1차적 대상자가 될 수밖에 없는 불안정 고용상태에 있다는 점에서, 기후위기를 극복하기 위한 정의로운 전환의 과정에서 피해자 구제와 보상이 비정규직에 집중되어야 함은 물론이다. 문재인 정부 때 설립된 노사정위원회(경사노위) 등 상설 사회적 대화기구도 정부정책의 추진을 위한 동원형 도구에 불과했고, 공동의 사회적 현안에 대한 대책을 논의할 때는 기업별 교섭체제가 야기하는 노사간 담합 등을 통해서 기후위기를 극복하는 탈탄소경제로의 전환에 노동자들의 의견이 전적으로 배제되는 노동배제가 현실로 존재하고 있다. 이는 2021년 4월 문재인 정부가 산업부문 탄소중립 달성을 위한 민관협력 컨트롤 타워로 '탄소중립 산업전환 추진위원회'를 출범시킬 때 대한상의와 온실가스 다배출 업체 등 12개 업종별 협의회 등 사용자 단체는 참여시키면서도 노동조합의 참여는 배제되었던 것에서 여실히 드러난다. 또한 환경적 위험이 감지되는 생산 현장에서 노동자들이 자율적으로 생산을 통제할

수 있는 권리와 민주적 절차인 생산적 정의도 물론 보장되고 있지 않다. 기껏해야 분배적 정의와 승인적 정의의 측면에서 비정규직 노동자들에 대한 재정지원과 사회보장 대책이 논의되고 있을 뿐이다.

이러한 한국적 노동 현실에서 정의로운 전환의 취지에 맞는 노동정책을 펴기 위해서는 기후위기 주요 원인 제공자인 기업들의 책임과 비용 분담이 분배적 정의 차원에서 강조되어야 한다. 또한 법의 보호와 집단적 노사관계의 보호 등 양측 모두에서 이중적으로 배제되고 있는 비정규직, 작은 사업장, 플랫폼 등 불안정 취약 노동자들에 대한 권리보장과 권익보호가 정책의 우선 순위로 정해져야만 승인적 정의가 확립될 수 있다. 또한 비정규직 노동자 등의 노동조합 결성 및 단체교섭권 등 집단적 노사관계 형성을 위한 권리증진 방안이 강구되어야 할 것이다. 아울러 정부 차원에서 기후일자리, 돌봄일자리 등을 대규모로 만들고, 산업, 업종, 직종, 지역 등 다양한 차원의 초기업 교섭이 가능한 노사관계 제도화를 통하여 비정규직 노동자들의 단체교섭권을 강화하는 절차적 정의를 강화하고 생산현장에서 노동자가 위험한 제품의 생산을 거부할 수 있어야 하고, 사회적으로 유용한 제품 생산에 대한 결정 과정에 노동자는 물론, 지역주민과 공동체까지 참여할 수 있어야 할 것이다. 이렇게 할 때 노동자들이 기후위기 대응과정에서 단순한 녹색 소비자 또는 취약계층으로 머물지 않게 될 것이다. 무엇보다 기후위기가 발생한 구조적 원인, 기후위기가 노동자의 삶과 일터에 미치는 영향, 기후위기를 극복하기 위한 집단적 권리행사와 기후정의운동의 중요성을 인식할 수 있도록 교육, 홍보를 강화하면서, 작업장의 에너지 이용 절감, 재생에너지 사용 확대, 시민 환경 단체와의 연대 등을 강화할 때 노동자들은 명실상부한 기후위기의 주체로 등장하게 될 것이다.

노동자와 함께 기후위기를 극복하기 위한 대응의 주축이 되어야 할 또 다른 한 축은 농민들이다. 농민이 주축이 되는 정의로운 전환에서 중요한 점은 농사와 먹거리를 하나의 사회체계로서 통합적인 관점에서 고찰해야 한다는 점이다. 이처럼 통합적인 관점에서 농사와 농식품의 생산을 관리하고 통제해야만 효율적인 온실가스 감축이 가능해지고, 온실가스 감축 목표에 복병이 될 수 있는 요인을 미리 제거할 수 있게 된다.

대한민국 국민 1인당 연평균 육류소비량은 1980년 11.3kg에서 2018년 53.9kg으로 약 5배 증가했고, 식용육류 공급량도 연평균 5%씩 증가하여 2018년 1인당 68kg에 이른다. 그러나 곡물과 쌀 소비는 꾸준히 줄어들어, 2020년 1인당 57.7kg으로 줄었다. 소고기 1kg 생산에 10kg 정도의 사료가 투입되는데 국내 음식물 수입의 절반 이상을 차지하는 곡물 가운데 70% 이상은 사료로 활용되고 국내 배합사료의 95%는 수입에 의존한다. 축산업을 통해서 배출되는 온실가스가 전체의 14.5%에 이르고, 소고기와 유제품의 생산이 전체 축산의 2/3라는 절대적 비중을 차지함을 고려한다면, 육식을 절제하면서 채식 위주의 식단을 늘려가야 함을 확인할 수 있다. 축산과 육식의 확대는 결코 지속 가능하지 않기 때문이다. 한국의 농촌은 근래 기후, 팬데믹, 성장의 위기에 더해서 지역 불균형 발전과 농촌지역 과소화, 고령화의 문제가 아주 심각하다는 특징을 갖고 있다. 또한 농업에 있어서도 소득의 양극화가 이루어져 개인간, 지역간, 국가간, 도농간 사이를 벌여놓고 있다. 그러므로 기후위기에 대한 적극적 대응의 방책인 정의로운 전환의 과정에서 우리 농업에서는 상대적 박탈과 부정의, 변화요구 압박에 따른 이해관계 갈등 등의 부작용이 나타날 수 있다. 이를 예방하기 위해서 우리는 농민의 최저 소득 보장, 고용 보장, 기본소득 체제를 구축할 필요가 있다. 또한 토양의 탄소저장 능력에 입각하여 건강한 유기농업, 재생농업, 탄소재생농업을 지향하여 매년 토양 탄소를 0.4%씩 증가시키면 연간 온실가스 배출량의 75%를 감축(저장)할 수 있게 된다. 산림, 농지는 회복력을 지닌 유일한 공간이고 회복역량(리질리언스)을 높일 수 있는 전환 이행의 공간이므로 농지를 전용, 개발하는 것은 탄소중립에 역행하는 길이 된다. 또한 농지의 훼손은 식량안보, 식량주권의 확보에 역행하게 되므로, 현재의 농지를 최대한 확보하고 탄소생태농업을 확대하는 것만이 누적된 기후위기를 극복하고 농업, 농촌을 회생시키는 유용한 전환의 방법이 될 것이다. 에너지는 재생되어야 지속할 수 있고 물질은 순환되어야 건강할 수 있다. 그러므로 재생과 순환을 중요시하는 유기농업이 권장되고 육성되어야 한다. 경종과 축산 등에 각자 따로 수입한 자재와 사료를 투입하고 부산물, 분뇨 등도 따로 활용, 폐기하는 방식의 농사는 이제부터 지역 또는 마을 단위 순환 농업으로 전환해야 한다. 개인적 농업에서 공동체적 농업으로 전환해야 할 시점이다. 농업의 전환과 함께 반드시 동반되어야 할 과제는 도시민이 현명한 먹거리 소비자가 되는 것이다. 기후위기에 올바로 대응하기 위해서 한국 사회는 생산-가공-유통-소비-폐기에 이르는 먹거리 체계를 통합적으로 인식하고 접근해야 한다. 이제까지 농촌의 생산과 도시의 소비를 갈라치기로 관리하던 생산성과 성장 위주의 상품화 정책은 당장 폐기되어야 한다. 이제부터 생산과 소비의 공간적 간극을 줄이기 위한 로컬푸드 운동과, 시간적 간극을 줄이기 위한 슬로푸드 운동을 적극 추진하면서, 생산자와 소비자의 관계를 중시하는 생협, 꾸러미, 식생활 교육 운동을 적극 실시해야 한다. 음식물의 폐기를 최소화하는 노력도 절실하다. 상품화되지 못한 산지 폐기나 음식 단계에서 낭비되는 문제, 유통기한 문제 등과 관련해서도 보다 적극적인 대응이 필요하다. 한국 농업의 자급율은 20%에 불과하다. 이 때문에 농업 분야의 온실가스 배출이 전체의 3%에 불과하다고 안이하게 인식해서는 안된다. 사실 외국에서 수입해 들여오는 막대한 곡물의 존재는 한국인이 초래한 온실가스의 외부화를 입증해주고 있을 뿐이다. 친환경 유기농업으로 전환을 위해서 생산과 소비를 조직하고 탄소중립 전환농업을 실천해나갈 수 있는 생협(생산자협동조합)의 조직도 필요하다. 이를 기반으로 벼농사 유기농, 저탄소 전환, 생산과 소비의 제휴운동 등을 추진해나가야 할 것이다. 공장식 축산이 아니라 동물복지 수준의 사육환경으로의 전환, 규모의 적정화 등을 통해서 가축 전염병도 예방하고 과도한 육식의 절제를 실현해 나가야 할 것이다. 노동계와 마찬가지로 농업 분야에서도 깨어 있는 농민들과 후계자 양육을 위한 기후위기 대처 극복을 위한 교육 계몽활동이 필요함은 물론이다.

3) 인천지역 생태 환경 리질리언스 연구를 위한 과제

환경수도를 선언한 인천

최근 인천은 '대한민국의 환경 수도(環境首都)'를 목표로 하여 기후위기 시대의 적극적인 생존, 발전 전략으로 '녹색성장'을 채택해서 실천해오고 있다(이희환, 2020: 293-294). 이는 2020년부터 지역균형 경제성장과 연계된 문재인 정부의 '그린뉴딜' 전략의 일원으로 출발하고 있다. 2018년 인천에서 개최된 IPCC "1.5도 특별보고서"가 전 세계적으로 실현해야 할 구체적인 탄소 감축의 목표로 제시되었다. 이를 우리 지역(인천)부터 실현하기 위해서, 인천은 기후위기 극복을 위해 어떠한 구체적인 지향과 실천을 계획하고 있는가? 인천은 수도권에 위치해서 건설과 개발이 그치지 않는 도시이다. 또한 인천은 바다 도시이기에 석탄 화력, 쓰레기 매립지 등이 산재한 환경 유해 시설이 많은 곳이다. 인천이 그린 뉴딜을 향해 나아갈 때 적지 않은 난관이 기다리고 있음을 말해준다. 2019년 10월 인천시장은 정부의 한국판 뉴딜정책에 발맞추어 디지털 뉴딜, 그린 뉴딜, 바이오 뉴딜, 휴먼 뉴딜로 나누어 추진하는 인천형 뉴딜 사업을 추진하겠다고 했다. 이중에서 그린 뉴딜은 국제 그린스마트타워, 에코사이언스파크 조성으로 글로벌 그린 산업 육성의 기반을 마련하고자 했다. 또 수도권 매립지 2025년 사용종료와 함께 영흥 화력 발전소의 조기 폐쇄 또는 LNG 연료전환, 바이오 투자유치 등을 추진하기 위해 정부에 협조와 지원을 요청했다. 그러나 인천 자체의 2050년 탄소 제로를 위한 구체적 시간표(로드맵)는 아직 공개적으로 발표하지 못하고 있는 상황이다.

팬데믹과 인천의 환경운동 일시 정체

2018년 IPCC "1.5도 특별보고서"가 채택된 도시로서 국제기구인 녹색기후기금이 자리잡고 있는 인천은 환경 생태 회복의 모범이 될 수 있는 조건을 착실히 갖추어 나가고 있다. 이를 위해 녹색부시장제를 운영하여 환경 생태를 전담하는 부시장을 두고, 그린뉴딜 추진 본부를 두는 등의 제도적 대책이 요청되고 있다. 이같은 제도적 조처에 맞추어 시민의식을 주도하는 환경운동 단체들의 적극적인 호응도 필요하다. 특별히 2019년부터 2022년까지 약 3년간 지속된 전세계적인 코로나의 펜데믹으로 인해, 강력한 통제와 비대면 생활문화가 정착하면서 마스크를 비롯한 의료폐기물을 비롯하여 각종 음식 배달에 동반된 플라스틱 용기의 사용 급증은 기타 일회용품의 사용 빈도를 높이는 역할을 주도했다. 한

때나마 환경부마저 2020년 2월 일회용품의 사용규제 제외조치를 전국으로 확대하는 정책을 발표하여 펜데믹 상황으로 보건위기를 예방하거나 해결하는 데 급급한 모습을 보여주었기 때문에 생태 환경보호의 일환으로 강력하게 추진되어온 일회용품 사용억제 정책이 일시 중단된 것은 시민단체의 노력에 상당한 찬물을 끼얹을 수밖에 없다.

쓰레기 매립지와 소각장 문제

2020년 연말부터는 다시 환경부가 일회용품 35% 줄이기 계획을 추진했고, 생활폐기물 탈 플라스틱 대책을 발표하였다. 이에 환경연합 등의 시민단체는 탈플라스틱의 핵심은 플라스틱의 사용 저감인데, 원천 감량에 대한 정책이 부족하다고 지적하면서 동시에 투명 페트병 등 분리수거물을 활용한 플라스틱 재활용 확대를 위한 실효적인 대책도 부족하다고 질타하고 있는 상황이다. 또한 쓰레기 등 폐기물의 자치구 등 지역담당제를 추진하는 문제도 결코 쉽지 않은 과제로 다가오고 있다. 인천시는 수도권 쓰레기 매립지로 사용되어온 인천 서구 경서동의 매립지를 2025년 종료한다고 발표하고 이를 계기로 보다 적극적인 자원순환도시 정책구상을 발표하며 환경특별시 인천을 선언했다.[8] 이러한 내용을 공론화하기 위해서 2020년 인천시는 공론화위원회 제1호 안건으로 쓰레기 매립지와 소각장 문제를 다루었다. 공론화를 위해 3,000명의 인천 시민이 사전인식 조사에 참여했고, 400명의 시민이 권역별 공론장과

---

8 쓰레기 발생자 처리원칙을 강조하며 쓰레기 매립지로 인한 환경피해에서 벗어나려는 인천광역시의 이같은 강경한 입장 표명 때문에, 환경부와 서울특별시, 경기도, 수도권 매립지관리공사 등은 이른바 쓰레기 대란을 막기 위해서 2021년 1월부터 서울과 경기도 자치단체를 대상으로 대체 매립지를 공모하는 등 자구책을 찾는데 나섰다.

시민 대공론장에서 숙의를 하는 과정을 거쳤다. 이러한 원칙 하에 불연성 폐기물과 소각재만은 매립하기 위해 인천시는 자체 매립지인 영흥도 '인천 에코랜드' 조성계획을 추진하면서, 생활폐기물을 그대로 매립하지 않고 소각할 시설을 설치할 광역자원순환센터(폐기물 소각장) 후보지 3곳도 지정했으나 기피시설로만 인식하는 현지 주민들의 반발로 어려움에 직면해 있다.

인천의 디지털 산업전환과 친환경 뉴딜 정책

최근 인천광역시 의회는 "인천의 산업생산 구조와 과제"를 주제로 세미나를 개최하고 지역경제 선순환 연구의 첫 단계로 인천의 산업생산구조에 대한 점검과 개선방안을 강구했다.[9] 이에 의하면 수년 전부터 인천은 제조업 비중이 크게 하락한 반면에 서비스업, 운수업, 전기업 등의 비중이 증가하면서 산업별 비중과 생산성 간의 괴리가 발생하여 산업성장의 장애요인이 되고 있으므로 산업구조의 고도화가 필요하다고 진단했다. 이러한 산업 현실과 관련하여 최근 인천시는 기후위기와 코로나 팬데믹에 효과적으로 대응하면서 도시공동체의 활성화를 도모할 녹색성장 전략을 세웠다. 인천시는 산업의 디지털 전환을 통한 인천 경제와 생활 수준을 향상시키려는 디지털 뉴딜(Digital Newdeal), 환경과 안전의 개선을 통한 신성장동력을 창출하려는 그린 뉴딜(Green Newdeal), 인천 바이오 클러스트를 조직하여 세계적 롤모델을 구축하려는 바이오 뉴딜(Bio Newdeal), 좋은 일자리 사다리를 구축하여 포용의 도시를 구축하려는 휴먼 뉴딜(Human Newdeal) 등 이른바 4차 산업혁명에 기반을 둔

---

9   인천광역시 지역경제 선순환연구회의 김하운 경제특보 초청 세미나(2022.2.2.)

21세기 첨단산업을 구축하려는 계획을 세웠다.[10]

인천의 환경운동과 노동자, 농민, 시민단체

이러한 산업환경의 변화에 조응하여 인천지역의 노동운동도 변화해야만 하는 시점에 와 있다. 특히 2019년 말부터 시작된 코로나 팬데믹으로 노동자 상호간의 불평등이 심화되어, 비정규직 노동자, 서비스 노동자, 영세사업장, 이주노동자, 여성이 대부분인 돌봄노동자 및 사실상의 자영업에 속하는 플랫폼 노동자들의 대규모 실업과 감봉 등으로 지역경제에 짙은 암흑을 드리우고 있다. 이같은 위기 국면에서 전체 노동자의 생존권을 어떻게 지켜나가고 기후위기로 촉발된 자본주의 사회의 구조적인 불평등을 어떻게 해소하고 새롭고 정의로운 대안적 사회를 마련해나갈 것인지 진지하게 고민해야 할 시점에 와 있다(한상욱, 2021).

농업 분야에서 인천은 2007년 인천도시농업 네트워크 등 민간 단체의 출범에 이어, 2012년 인천광역시 도시농업의 육성 및 지원에 관한 조례가 제정되어 도시농업 육성을 통한 친환경 성장정책의 기틀을 마련했다. 이를 바탕으로 인천시는 '인천시민 상자텃밭 보급' 행사를 벌였으며 인천농업기술센터 등을 통하여 도시민 농업교육을 진행해오고 있다. 그러나 민관협력을 위한 다양한 정책을 개발하고 이를 도시민들에게 보

---

10 인천광역시 누리집 https://www.incheon.go.kr/newdeal/index (2022.3) 참고. 이에 따르면 본문에 제시한 4가지 뉴딜산업 외에도 "인천형 뉴딜의 10대 과제"를 다음과 같이 선정해서 추진하고 있다. 1. 친환경 자체 매립지 조성 추진, 2. 스마트 시티 통합 플랫폼 구축, 3. 생활권 도시숲 확충, 4. 먹는 물 수질개선을 위한 정수장 고도화, 5. 원도심지 그린 주거환경 조성, 6. 국내 최대 '로봇산업 혁신 클르스트' 구축, 7. '드론' 산업 클르스트 조성, 8. 저탄소, 녹색융합 에코사이언스 파크 조성, 9. 바이오 혁신 클르스트 조성, 10. AI 기반 수요응답형 대중교통 서비스 구축 등이다.

급하는 과정에서의 소통이 여전히 해결해야 할 과제로 떠오르고 있다. 또한 인천광역시에는 강화도를 비롯한 40개의 유인도와 128개의 무인 도가 소속되어 있다. 이들 인천의 도서 지역은 각종 난개발과 공해 때문 에 갯벌의 파괴, 어장의 황폐화 등 한국사회가 처한 신자유주의 경제체 제의 폐해를 고스란히 안고 있는데, 향후 이른바 굴뚝산업에서 온 공해 를 획기적으로 절감하고 육지와 바다의 물길과 갯벌, 도서 등에 산재하 는 농수산 자원과 관광 자원을 효과적으로 활용하여, 탄소 절감을 통한 환경 생태 리질리언스 강화에 적극적으로 나서야 할 과제에 직면하고 있다.[11]

시민단체의 환경운동 측면에서는 이상과 같은 산업적 기반과 특징을 갖는 지역사회의 성장 및 환경 정책에 적절히 대응하면서 효과적인 운 동을 전개해야 할 것이다. 그것은 성장과 소비에 기반한 기존 자본주의 의 반환경적 이데올로기에서 벗어나 인간다운 삶을 보장하는 대안적 삶 과 친환경적 과제에 직면해 있음을 인식하는 것으로 출발해야 한다(권창 식, 2021). 이러한 과제를 실천하기 위해서 향후 인천의 노동운동은 사회 정의와 농축수산업 등 타 부문 운동과의 연대에 입각해서 공생하는 삶 의 방식과 서로 살림(相生)의 공동체 복원에 힘써야 할 것이다. 이상의 과제에 대한 구체적인 고찰은 곧이어 진행될 본 사업단의 2단계의 연구 과제로 추진되어야 할 것이다.

---

11 『인천의 도서지역과 공동체』(인천대학교 인천학연구원 2020년 하반기 학술대회 자료 집, 2020.11.27.) 및 인천광역시 누리집 https://www.incheon.go.kr/recycle/index (2022.3) 등을 참고

【1장 _ 총론】 _ 조봉래

김유진(2018.10.11.), '재생과 분배가 경제의 주축' 영국 경제학자 케이트 레이워스 인터뷰, 경향신문(http://news.khan.co.kr/kh_news/khan_art_view.html?artid=201810111354001&code=960205).

【2장 _ 리질리언스 개념의 정립】 _ 신진식

강상준 외(2013), 「자연재해로부터의 지역사회 회복탄력성 도입방안」, 경기연구원.

강상준(2014), 「사회적 비용을 고려한 자연재해로부터 커뮤니티 회복탄력성 개념의 재정립」, 『GRI연구논총』 16(1).

권예진·차명호(2016), 「키워드 네트워크 분석을 이용한 리질리언스(Resilience) 연구동향 분석」, 『상담학연구』 17(6).

김동현 외(2015), 「도시의 새로운 패러다임 가능성 – 리질리언스」, 『도시정보』 12월호.

김원배 외(2013), 「한국의 경제위기와 지역 탄력성」, 『국토연구』 79.

김정곤 외(2016), 『리질리언스(Resilience) 도시재생 모델에 관한 연구』, 한국토지주택공사 토지주택연구원.

김태현 외(2011), 「재난관리를 위한 도시 방재력(Urban Resilience) 개념 및 기능적 목표 설정」, 『한국안전학회지』 26(1).

김현주 외(2012), 『지역사회 방제 리질리언스 프레임워크 개발』, 국립방재연구원.

나주몽(2012), 「지역경쟁력지수와 지역경제 효율성에 관한 실증연구 지역경제관점을 중심으로」, 『도시행정학보』 25(4).

박한나·송재민(2015), 「회복탄력성 비용지수를 활용한 회복탄력성 주요 영향 요인 분석 서울시 풍수해를 대상으로」, 『국토계획』 50(8).

브라이언 워커·데이비드 솔트, 고려대학교 오정에코리질리언스 연구원 역(2015), 『리질리언스 사고』, 지오북.

삼정KPMG경제연구원(2016), 『리질리언스』, 올림.

서지영 외(2015), 『미래위험과 회복력』, 과학기술정책연구원.

서태성·이승복(1996), 『개발촉진지구의 합리적 운영방안 연구』, 국토연구원.

이용우·윤양수·최영국(2003), 『지속가능한 국토개발지표 설정에 관한 연구』, 국토연구원.

이자원(2015), 「도시 성장의 지속가능성에 관한 고찰」, 『국토지리학회지』 49(2).

전대욱(2015), 「지역공동체 회복력(Community Resilience)」, 『국토』 통권 400호.

정주철(2018), 「도시방재에 있어서의 리질리언스 개념 정립」, 『건축』 62(2).

하수정 외(2014), 『지속가능한 발전을 위한 지역 회복력 진단과 활용방안 연구』, 국토연구원.

한우석 외(2015), 『도시 복원력 강화를 위한 도시정책 발전방안 연구』, 국토연구원.

한우석(2016), 『방재분야의 리질리언스 개념 및 미국의 적용방안』.

현은민(2007), 「한부모가족의 적응: 가족탄력성의 완충효과」, 『한국가정관리학회지』 25(5).

Asian Development Bank(ADB)(2016), *Natural disaster shocks and macroeconomic growth in Asia: Evidence for typhoons and droughts.* http://adb.org/publications.

Cutter, Susan L., Barnes, L., Berry, M., Burton, C., Evans, E., Tate, E., & Webb, J(2008), *Community And Regional Resilience: Perspectives From Hazards, Disasters, And Emergency Management. Carry Report.* Community and Regional Resilience Initiative.

Cutter, S. L., Burton, C. G., & Emrich, C. T(2010), Disaster resilience indicators for benchmarking baseline conditions. *Journal of Homeland Security and Emergency Management*, 7(1).

Godschalk, D. R(2003), Urban hazard mitigation: Creating resilient cities.

Natural Hazards Review, 4(3).

Maguire, B., & Cartwright, S(2008), *Assessing a community's capacity to manage change: A resilience approach to social assessment.* Canberra: Bureau of Rural Sciences.

Peacock et al.(2010), Advancing the Resilience of Coastal Localities: Developing, Implementing and Sustaining the Use of Coastal Resilience Indicators: A final Report. Hazard Reduction and Recovery Center.

【3장 _ 리질리언스와 커뮤니티 디자인】 _ 곽동화

곽동화(2017), 「도시방재력 강화를 위한 재해 리스크 커뮤니케이션에 관한 연구」, 『한국재난정보학회논문집』.

곽동화·이석현(2011), 「지역커뮤니티를 위한 참여형 디자인 프로세스의 평가에 관한 연구」, 『디자인학연구』, 한국디자인학회.

김진희·곽동화(2021), 「공동주택단지 보행자전용도로의 기능 확장과 개선방안 사례연구」, 『한국공간디자인학회 논문집』.

매슬로 저, 소슬기 역(2018), 『매슬로의 동기이론: 욕구 5단계 이론』, 유엑스 리뷰.

얀 겔 저, 윤태경 역(2014), 『인간을 위한 도시 만들기』, 비즈앤비즈.

일본 국립방재과학기술연구소(NIED)(2017), 『방재 라디오 드라마 만들기 안내서』.

한나 아렌트 저, 이진우 역(2015), 『인간의 조건』, 한길사.

펠릭스 가타리 저, 윤수종 역(2003), 『세 가지 생태학』, 동문선.

표희진·곽동화(2017), 도시방재디자인의 유형과 리질리언스 특성, 『한국재난정보학회논문집』.

Beatley, Timothy(2016), *Handbook of Biophilic City Planning and Design*, Island Press.

Community & Regional Resilience Institute(2013), Definitions of Community Resilience: An Analysis, *A CARRI Report.*

Coyle, Stephen(2011), *Sustainable and Resilient Communities*, John Wiley &

Sons.

Sanoff, Henry(2000), *Community Participation Method in Design and Planning*, John Wiley & Sons.

The Rockefeller Foundation(2016), *City Resilience Index−Understanding and Measuring City Resilience. https://assets.rockefellerfoundation.org.*

【4장 _ 재난 리질리언스의 측정모델을 이용한 지방자치단체 재난 리질리언스 측정】 _ 백정미

강상준(2014), 「자연재해애 대한 커뮤니티 회복탄력성의 개념과 향후 과제」, 『국토』.

고수정·안성조(2016), 「예비타당성조사의 리질리언스(Resilience) 적용가능성과 방법에 관한 연구」, 『지방정부연구』 20(2).

국회예산정책처(2019), 『재난피해 지원제도 현황과 재정소요 분석−재난지원금과 풍수해보험을 중심으로』.

김도형·라정일·변성수·이재은(2017), 『대규모 재난시 재난약자 지원방안』, 희망브릿지 전국재해구호협회 연구보고서.

김동현·전대욱·하수정·김태현·김진오·신진동·한우석·정승현·강상준(2015), 「도시의 새로운 패러다임 가능성: 리질리언스」, 『도시정보』 405.

김창진(2021), 「지방자치단체의 재난 회복 비용 및 회복탄력성 비용의 영향요인: 지역공동체 활용 역량 요인을 중심으로」, 『한국거버넌스학회보』 28(3).

김태현·김현주·이계준(2011), 「재난관리를 위한 도시방재력 개념 및 기능적 목표 설정」, 『한국안전학회지』 26(1).

김현주·김태현·김미선·김영주(2011), 『도시방재기준 개발을 위한 요소별 분류 및 방향 설정』, 방재연구소.

김현주·신진동(2015), 「도시방재력(Urban Resilience) 개념을 적용한 도시방재 계획」, 『국토』.

박소연(2016), 「지역 특성이 자연재난회복력에 미치는 영향 분석」, 인하대학교 대학원 박사학위논문.

박한나·송재민(2015), 「회복탄력성 비용지수를 활용한 회복탄력성 주요 영향 요인 분석−서울시 풍수해를 대상으로」, 『국토계획』 50(8).

시사인(2022.4.29.), 〈참혹했던 2020년 수해 그 후, 국가는 대체 뭘 했나〉, 762호. https://www.sisain.co.kr/news/articleView.html?idxno=47318.

신진동·김태현·김현주(2012), 「방재력 관점의 법률분석을 통한 도시방재력 강화 방안」, 『대한국토계획학회지』 47(1).

양기근·서민경(2019), 「재난취약계층의 재난취약성과 재난복원력 연구: 재난안 전취약계층의 복원력 지원체계 비교분석」, 『한국융합과학회지』 8(2).

여성준·황영우·강기철(2018), 「전문가 델파이 조사를 통한 부산시 회복탄력성 적용에 대한 연구」, 『IDI도시연구』 13.

울리히 벡(2014), 『위험사회』, 새물결.

유순영·안현욱·김성욱·이길하·김진만(2014), 「방재력 비용지수를 이용한 복구 활동의 효과 분석」, 『환경정책』 22(1).

윤영배(2018), 『울산시 도시회복력 강화방안 연구』, 울산연구원 보고서.

이가을·변병설(2020), 「지자체 역량이 재난 회복탄력성에 미치는 영향 분석: 17 개 광역자치단체를 중심으로」, 『환경정책』 28(4).

이대웅(2019), 「한국 지방정부의 재난 회복탄력성 영향요인 분석: 자연재해 가운 데 호우를 중심으로」, 『한국행정학보』 53(1).

이대웅·권기헌(2017), 「재난정책분야의 회복탄력성(Resilience) 결정요인 분석− 재난유형 가운데 자연재난을 중심으로」, 『한국정책학회보』 26(2).

이임열·김수전·김연수·김형수(2013), 「풍수해 대응을 위한 안양천 유역의 복원 탄력성 평가」, 『한국방재학회논문집』 13(2), 291−298. https://doi.org/1 0.9798/KOSHAM.2013.13.2.291.

전은영·변병설(2017), 「기후변화에 대응하기 위한 커뮤니티 리질리언스 평가지 표 개발과 적용」, 『국토지리학회지』 51(1).

정지범·이재열(2009), 『재난에 강한 사회시스템 구축』, 법문사.

제주의 소리(2018.2.8.), 〈'폭삭' 연이은 폭설에 비닐하우스 피해 속출〉, http://w ww.jejusori.net/news/articleView.html?idxno=200204.

조선일보(2020.9.3.), 〈해일 덮쳐 시장 침수, 교량 유실, 정전.. 태풍 마이삭 피해 속출〉, https://www.chosun.com/national/regional/2020/09/03/C6XU

M4B3EBEN3OC4VREEPN2III/.

중앙일보(2017.11.15.), 〈갈라지고 무너지고.. SNS 속 포항지진 피해 사진들〉, https://www.joongang.co.kr/article/22117694#home.

최연우·홍유정·추미진·윤동근(2021), 「회복력 비용지수를 활용한 지역의 재난 회복력에 영향을 미치는 요인 분석」, 『한국방재학회논문집』 21(6).

행정안전부(2021a), 『2020 재난연감(사회재난)』.

_____(2021b), 『2020 재해연보(자연재난)』.

_____(2021c), 『대한민국 재난안전관리』.

허아랑(2017), 「지방자치단체의 재난회복력 지표에 관한 연구」, 2017년 한국정책 학회 하계특별학술대회 발표논문.

Biringer, B.E., Vugrin, E.D. & Warren, D.E.(2013), *Critical infrastructure system security and resiliency*, Boca Raton: CRC press.

Bruneau, M., S.Chang, R.Eguchi, G.Lee, T.O'Rourke, and A.M.Reinhorn(2003), A framework to quantitatively assess and enhance the seismic resilience of communities, *Earthquake Spectra*, 19(4), http://DOI:10.1193/1. 1623497.

Burton, C.G.(2012), *The Development of Metrics for Community Resilience to Natural Disasters*, Ph.D. diss., University of South Carolina.

Campanella, T.(2006), Urban Resilience and The Recovery of New Orleans, *Journal of American Planning Association*, 72(2).

Chang, S.E. & Shinozuka, M.(2004), Measuring improvements in the disaster resilience of communities, *Earthquake Spectra*, 20(3).

Cimellaro et al.(2016), Cimellaro, G.P., Renschler, C., Reinhorn, A.M., and Arendt, L.(2016), PEOPLES: A framework for evaluating resilience, *Journal of Structural Engineering*, 142(10), 04016063.

Cutter, S.L.(2016), The Landscape of Disaster Resilience Indicators in the USA, *Nat Hazards*, 80.

Cutter, S L., Burton, C.G., & Emrich, C.T.(2010), Disaster Resilience Indicator for Benchmarking Baseline Conditions, *Journal of Homeland Security and Emergency Management*, 7(1), Article51, DOI: 10.2202/1547-7355.1732.

Cutter, S.L., Ash, K.D., & Emrich, C.T.(2014), The Geographies of Community Disaster Resilience. *Global Environmental Change*, 29.

Davoudi, Simin(2012), Resilience: A Bridging Concept or a Dead End?, *Planning Theory & Practice*, 13(2).

Dawley, S..Pike, A.. & Tomaney, John(2010), Towards the Resilient Region? *Local Economy*, 25(8).

Foster, K.A.(2006), A Case Study Approach to Understanding Regional Resilience, *Working Paper* 2007-08.

Folke, C., Carpenter, S.C., Walker, B., Scheffer, M., Chapin, T., & Rockstr m, J.(2010), Resilience Thinking: Integrating Resilience, Adaptability and Transformability, *Ecology and Society*. 15(4), article 20.

Folke, Carl.(2006), Resilience: The Emergence of a Perspective for Social-ecological Systems Analyses, *Global Environmental Change*, 16(3).

Godschalk, D.R.(2003), Urban Hazard Mitigation: Creating Resilient Cities, Natural Hazards review, 4(3).

_____(2007), Functions and Phases of Emergency Management, In *Emergency Management: Principles and Practice for Local Government*, edited by W.L, Waugh and K. Tierney. Washington D.C.: International City Managers Association.

Holling, C.S.(1973), Resilience and Stability of Ecological Systems, *Annual Review of Ecology and Systematics*, 4.

_____(1996), Engineering Resilience versus Ecological Resilience. *Engineering Within Ecological Constraints*.

Kimhi, S., & Shamai, M.(2004), Community resilience and the impact of stress: adult response to Israel's withdrawal from Lebanon, *Journal of Community Psychology*, 32(4).

McDaniels, T., Chang, S., Gole, D. Mikawoz, J. & Longstaff, H.(2008), Fostering Resilience to extreme events within infrastructure systems: Characterizing decisions contexts for mitigation and adapation, *Global Environmental Change*, 18.

Maguire, B. & Hagan, P.(2007), Disasters and communities: Understanding social resilience, *Australian Journal of Emergency Management*, 22(2).

Manyena, S.B.(2006), The Concept of Resilience Revisited, *Disasters*, 30(4), 434-450, https://doi.org/10.1111/j.0361-3666.2006.00331.x.

Martin, R. & Sunley, P.(2015), On the Notion of Regional Economic Resilience: Concpetualization and Explanation, Journal of Economic Geography, 15.

Mayunga, J.S.(2007), Understanding and Applying the Concept of Communit y Disaster Resilience: A Capital-Based Approach, *Economics*, https://doi.org/10.1146/annurev.energy.32.051807.090348.

_____(2009), *Measuring the Measure: A Multi-dimensional Scale Model to Measure Community Disaster Resilience in the US Gulf Coast Region*. Ph.D.Diss., Texas A&M University.

McAsian, A.(2010), The Concept of Resilience: Understanding its Origins, Me aning and Utility, *Torrens Resilience Institute*, https://www.flinders.edu.au/content/dam/documents/research/torrens-resilience-institute/resilience-origins-and-utility.pdf.

McDaniel, T., Chang, S., Cole, D., Mikawoz, J. & Longstaff, H.(2008), Fostering Resilience to extreme events within infrastructure systems: Characterizing decision contexts for mitigation and adaptation, *Global Environmental Change*, 18.

Morrow, B.(2008), Community Resilience: A Social Justice Perspective, *CARR I Research Report 4, Oak Ridge: Community and Regional Resilience Institute*, http://www.resilientus.org/library/FINAL_MORROW_9-25

-08_1223482348.pdf.

Murphy, B.(2007), Locating Social Capital in Resilient Community-Level Emergency Management, *Natural Hazards,* 41.

Norris, F.H., Stevens, S.P., Pfefferbaum, B, Wyche, K., Pfefferbaum, R.L.(2008), Community Resilience as a Metaphor, Theory, Set of Capacities, and Strategy for Disaster Readiness, *American Journal of Community Pychology,* 41.

O'Rourke, R.D.(2007), Critical Infrastructure, Interdependence, and Resilience, *The Bridge,* 37(1).

Parvin, G.A. & Shaw, R.(2011), Climate Disaster Resilience of Dhaka City Corporation: An Empirical Assessment at Zone Level, Risk. *Hazards and Crisis in Public Policy,* 2(2), Article 6.

Pauley, M.C., McKim, J.A., & Hodbod, J.(2019), A social-ecological resilience perspective for the social sciences of agriculture, food and natural resources, *Journal of Agricultural Education,* 60(4).

Porter, L. & Davoudi, S.(2012), The Politics of resilience for planning: a cautionary note, *Planning Theory and Practice,* 13(2).

Rose, A.(2007), Economic resilience to natural and man-made disasters: Multidisciplinary origins and contextual dimensions, *Environmental Hazards,* 7(4), 383-398, DOI: 10.1016/j.envhaz.2007.10.001.

Shaw, R., Razafindrabe, B., Gulshan, P., Takeuchi, Y., Surjan, A.(2009), Climate Disaster Resilience: Focused on Coastal Urban Cities in Asia, *Asian Journal of Environment and Disaster Management,* 1.

Simmie, J. & Martin, R.(2010), The Economic Resilience of Regions: Towards an Evolutionary Approach, *Cambridge Journal of Regions, Economy and Society,* 3(1), 27-43, doi:10.1093/cjres/rsp029.

The Rockefeller Foundation & ARUP.(2014), City Resilience Framework, https://www.rockefellerfoundation.org/wp-content/uploads/City-Resilience-Framework-2015.pdf.

Tierney, K.(2009), Disaster Response: Research Findings and Their Implications for Resilience Measures, *CARRI Research Report 6, Oak Ridge: Community and Regional Resilience Institute*.

Timmerman, P.(1981), *Vulnerability, Resilience and the Collapse of Society, Environmental Monograph No.1*, Institute for Environmental Studies, University of Toronto.

UNISDR(2007), *Hyogo Framework for Action 2005-2015: Building the Resilience of Nations and Communities to Disasters*.

_____(2017), *How To Make Cities More Resilient: A Handbook For Local Government Leaders*.

Vugrin, E.D. & Warren, D.E. & Ehlen, M.A.(2011), A Resilience Assessment Framework for Infrastructure and Economic Systems: Quantitative and Qualitative Resilience Analysis of Petrochemical Supply Chains to a Hurricane, *Process Safety Progress*, 30(3).

【5장_생태 환경 리질리언스】_ 원재연

인천대학교 인천학연구원(2020), 『인천의 도서지역과 공동체』, 인천대학교 인천 학연구원 2020년 하반기 학술대회 자료집(2020.11.27.).

강지연(2021), 「여성 중심 도시농업의 공동체경제와 지역 돌봄 : 서울시 금천구 사례를 중심으로」, 『농촌사회』 (10).

권창식(2021), 「환경회복과 상생공동체 건설을 위한 실천적 대안」, 『노동, 환경, 서민금융을 통한 살림공동체 : 인천 가톨릭 사회운동의 현실과 전망』, 인천대 학교 인천학연구원 인문사회연구소지원사업단 도시공동체연구총서 2.

김선철(2022), 「기후위기의 현실과 도전」, 『황해문화』 114.

김현우(2022), 「'정의로운 전환'의 전환」, 『황해문화』 114.

_____(2014), 『정의로운 전환 : 21세기 노동해방과 녹색전환을 위한 적록동맹 프로젝트』, 나름북스.

김희강(2016), 「돌봄국가: 복지국가의 새로운 지평」, 『정부학연구』 22(1).

노라 래첼·데이비드 우젤 엮음, 김현우 옮김(2019), 『녹색 노동조합은 가능하다
　　　－ 기후변화의 시대, 정의로운 전환의 이론과 현장』, 이매진.

도넬라 H. 메도스, 데니스 L. 메도즈, 요르겐 랜더스 저. 김병순 옮김(2012). 『성
　　　장의 한계』, 갈라파고스.

백정미(2022), 「재난 레질리언스 구성요소 및 영향요인에 대한 고찰」, 『2022 코로나
　　　19와 대규모 재난 이후 현장중심 회복력 강화방안』, 인천대학교 인천학연구
　　　원 인문사회연구소지원사업단 공동국제학술대회 자료집(2022.4.21.－22).

신진식(2022), 「리질리언스(Resilience) 개념」, 『리질리언스 : 도시의 새로운 패
　　　러다임』, 인천학연구원 인문사회연구소지원사업단 도시공동체연구총서
　　　제4권(출간 예정).

윤순진(2021), 「2050 탄소중립의 도전과 기회」, 『한국환경정책학회 학술대회논
　　　문집』.

이근행(2022), 「기후위기 시대의 농업과 먹거리 체계」, 『황해문화』 114.

이나미(2016), 「기후변화로 인한 사회적 위기와 공동체의 대응」, 『인문과학』 60.

이선미(2016), 「돌봄의 특성과 돌봄 공공성의 요건」, 『사회와 이론』 29.

이아승(2020), 「신자유주의 시대 돌봄노동의 가치 : 전업주부의 돌봄노동 가치
　　　인식에 관한 내러티브 탐구」, 『가족과 문화』 32(3).

이유진(2020), 「기후위기 대응과 탈탄소 경제사회 대전환을 위한 그린뉴딜」,
　　　2020인천에너지전환포럼, 인천광역시의회(2020.10.6.).

이창근(2022), 「기후위기, 노동의 위기」, 『황해문화』 114.

이희환(2020), 「그린 뉴딜과 엇나가는 한국판 지역균형 뉴딜」, 『황해문화』 109.

_____(2022), 「기후위기를 넘어 정의로운 전환의 길을 향해」, 『황해문화』 114.

_____(2021), 「환경특별시 선언한 인천시, 쓰레기 대책 없는 환경부」, 『황해문화』
　　　110.

인천광역시 누리집, 인천형 뉴딜(2022.3), https://www.incheon.go.kr/newdeal
　　　/index.

인천광역시 누리집, 환경특별시 인천(2022.3), https://www.incheon.go.kr/rec
　　　ycle/index.

전홍석(2021), 「근현대 과학기술시대에 대한 기축문명론적 성찰과 전망-생명, 생태 성장사회 : 칼 야스퍼스의 역사철학적 독해-」, 『동서철학연구』 102.

정 록(2022), 「기후위기, 불평등의 위기」, 『황해문화』 114.

정성진(2020), 「마르크스 경제학의 현재와 미래 : 어소시에이션과 참여계획경제를 중심으로」, 『21세기 마르크스 경제학』, 산지니.

정성훈(2022), 『가족과 국가 이후의 공동체』, 인천학연구원 인문사회연구소지원사업단 도시공동체연구총서 제3권(출간예정).

조영준(2021), 「성장지상주의와 탈성장사회」, 『철학연구』 160.

칼 폴라니 저, 홍기빈 역(2002), 『전 세계적 자본주의인가 지역적 계획경제인가 외』, 책세상.

하태규(2014), 「참여계획경제의 대외경제관계 모델 연구」, 『한국사회경제학회 학술대회 자료집』.

한상민(2022), 「남북 환경협력과 한반도 탄소중립 기후공동체 구축 방안 : 녹색기후기금(GCF) 재원 및 기후프로젝트 활용을 중심으로」, 『한독사회과학논총』 32(1).

한상욱(2021), 「천주교 인천교구 노동운동과 지역공동체」, 원재연·남승균·한상욱·권창식·강인규·이재열 저, 『노동, 환경, 서민금융을 통한 살림공동체 : 인천 가톨릭 사회운동의 현실과 전망』, 인천대학교 인천학연구원 인문사회연구소지원사업단 도시공동체연구총서 2.

한상진(2020), 「탈성장 시대 '지속가능발전 목표'의 '정의로운 회복탄력성'으로의 전환」, 『NGO연구』 15-1.

홍덕화(2021), 「전환 정치의 이정표 그리기 : 생태적 현대화와 탈성장, 생태사회주의의 분기점과 교차점」, 『ECO』 25(1).

저자 소개

조봉래

인천대학교 중어중국학과 교수

신진식

인천대학교 인천학연구원 연구교수

곽동화

인천대학교 도시건축학부 교수

백정미

인천대학교 인천학연구원 연구교수

원재연

인천대학교 인천학연구원 연구교수

인천대학교 인천학연구원

인천학연구원 인문사회연구소지원사업은 '도시의 경제 위기와 정체성 저하'라는 시대적 도전에 직면하여 인문학의 실제적 적용과 융합적 연구 방법을 다각적으로 적용함으로써, 도시정책의 지향성 변화에 따른 실제적 맞춤 연구를 수행하고자 한다. 즉, 도시의 무분별한 개발과 도시간의 물질주의적인 경쟁, 도시 정체성의 상실, 도시 재난위험 요인의 증가, 도시의 불균형적인 쇠퇴 등의 문제를 해결하기 위해 인문학, 사회학, 도시계획학, 공공디자인 등이 융합된 연구를 통하여 생태, 환경의 보존과 활용에 입각한 도시공동체의 안전과 지속 가능한 삶의 질 향상을 목표로 한다.

도시공동체 연구총서 4

리질리언스: 도시의 새로운 패러다임

2022년 6월 15일 초판 1쇄 펴냄

기 획 인천대학교 인천학연구원
지은이 조봉래·신진식·곽동화·백정미·원재연
발행인 김흥국
발행처 보고사

책임편집 이경민
표지디자인 김규범

등록 1990년 12월 13일 제6-0429호
주소 경기도 파주시 회동길 337-15 보고사
전화 031-955-9797(대표)
　　　02-922-5120~1(편집), 02-922-2246(영업)
팩스 02-922-6990
메일 kanapub3@naver.com / bogosabooks@naver.com
http://www.bogosabooks.co.kr

ISBN 979-11-6587-340-0　93330

이 저서는 2019년 정부(교육부)의 재원으로 한국연구재단의 지원을 받아 수행된 연구 결과물임(NRF-2019S1A5C2A03082865).